ELLE LE QUITTE,
IL LA TUE

SANDRINE BOUCHAIT
ET CLAUDE MENDIBIL

ELLE LE QUITTE, IL LA TUE

document

l'Archipel

Notre catalogue est consultable à l'adresse suivante :
www.editionsarchipel.com

Éditions de l'Archipel
92, avenue de France
75013 Paris

ISBN 978-2-8098-4424-5

Je dédie ce livre à toutes les victimes de féminicide
et à leur courageuse famille.
Et surtout à la plus étincelante de toutes les étoiles,
ma petite sœur, Ghylaine.

PRÉFACE

Maintenant que l'on sait, on fait quoi ?

En 2019, j'avais écrit le récit de mes rencontres avec des femmes battues dont la vie avait été un enfer*. Leurs témoignages révélaient la perversité de certains hommes au sein du couple et la cruauté dont ils étaient capables. On parlait déjà beaucoup des violences conjugales à cause du nombre élevé de victimes chaque année et il semblait que le gouvernement avait pris la mesure du « chantier ». Mais voilà… Le nombre des féminicides n'a pas diminué et on est obligé de se poser la question : qu'est-ce qui a vraiment changé depuis 2017 quand nos gouvernants avaient décrété la lutte contre les violences faites aux femmes « grande cause du quinquennat » ?

Rien n'a changé ou presque, et mon discours reste le même. Pourquoi ne protège-t-on pas les victimes potentielles et pourquoi la législation n'est-elle pas plus dure,

* *Parce qu'il y a les femmes*, Michel Lafon, 2019.

plus stricte vis-à-vis des agresseurs ? Dans notre pays, un homme qui frappe et ouvre l'arcade sourcilière de son épouse sera, peut-être, sermonné si elle porte plainte, on lui fera un rappel à la loi, au pire il passera quelques heures en garde à vue. Mais il a de grandes chances de rentrer chez lui. En Espagne, un homme qui a giflé sa femme peut dormir le soir en prison. Cela change radicalement la donne !

Si nos cousins espagnols ont su prendre les mesures adéquates et légiférer en obtenant des résultats très encourageants, pourquoi ne le fait-on pas en France ? Parce qu'un détenu coûte cher à l'État ? Quelle autre raison ? C'était une bonne initiative d'avoir organisé un Grenelle contre les violences faites aux femmes et on peut le mettre au crédit de nos dirigeants actuels : ils ont amorcé des initiatives alors que les précédents présidents n'avaient pas fait grand-chose. Mais si c'est pour arriver à des résultats aussi médiocres, à quoi bon ?

Les faits sont têtus et les chiffres parlent. Le nombre de femmes tuées par leur conjoint ne diminue pas ou à peine : 113 en 2021, une tous les trois jours. Inadmissible ! Ce qui prouve que les mesures mises en place ne fonctionnent pas ou sont insuffisantes.

Tous les féminicides ne se ressemblent pas. Chaque histoire est unique et révèle des réalités auxquelles la société doit faire face : ici, des femmes menacées obligées de trouver des lieux d'accueil pour se protéger ; là, des mères et des enfants à mettre à l'abri en urgence ; là encore, des conjoints violents à accueillir pour les éloigner de leurs victimes... Mais, au-delà des structures et de l'organisation, c'est une volonté et une conscience qui doivent s'éveiller. Il faut prendre le problème à bras-le-corps, regarder chez nos voisins européens ce qui fonctionne en la matière et s'en inspirer en y mettant les moyens. Nos amis belges, par exemple, ne plaisantent pas avec la question. Je repense à ce procès que j'avais vu à la télévision où un mari violent se défendait avec vigueur : « Mais non, madame la juge, je n'ai pas battu ma femme, je lui ai juste donné des claques ! » La juge lui avait coupé la parole et répondu vertement à ce monsieur qu'ici, en Belgique, on ne séquestrait pas et on ne battait pas les femmes. Qu'il se le tienne pour dit !

Pour y avoir été confronté dans ma vie personnelle et professionnelle, je sais combien la violence me répugne. Frapper est une défaite, la défaite de la parole et de la possibilité de s'entendre. C'est la fin de la communication, le début de l'instinct animal... Tant de femmes battues m'ont raconté que leurs maris leur hurlaient « Ferme ta gueule ! » en visant leur bouche avec leurs poings pour leur faire ravaler leurs mots. Lever la main sur un homme traduit un état de sauvagerie, un manque d'éducation au sens premier du terme, mais frapper une femme ! Comment un homme peut-il s'arroger le droit de brutaliser un être qu'il sait physiquement plus faible que lui ?

Pour alerter sur la violence faite aux femmes – comme pour tous les faits de société –, il faut prendre le mal à la racine et intervenir au plus tôt, c'est-à-dire dès l'école. On le sait, là où il y a de l'instruction, la barbarie recule. Nous devons éduquer nos enfants au civisme, à la tolérance, au respect de l'autre, et de son corps. Il est urgent de « remettre de l'éducation à l'école », ai-je envie de dire, à une époque où nos enfants sont confrontés à une haine, une brutalité qui souvent nous échappent. Je parle bien sûr des réseaux sociaux et de toute l'agressivité qu'ils génèrent… Aujourd'hui, le nombre de gamins et de jeunes adultes violents traduit un état d'esprit des garçons en général qui pensent être supérieurs aux filles et qui s'autorisent donc à les dominer et les frapper.

Il y a beaucoup de raisons pour lesquelles un homme peut devenir violent ; c'est à son intelligence, sa raison, sa conscience qu'on doit s'adresser, le plus tôt possible, dès l'école, si l'on veut espérer que les choses changent. Si l'on apprend à un garçon le respect des filles dès son plus jeune âge, il se comportera comme il faut, devenu adulte, avec sa première petite amie et, plus tard, sa fiancée et son épouse.

Les enfants nous regardent, ils observent comment les adultes se comportent. Ils nous imitent et parfois nous dépassent, pour le meilleur ou pour le pire. Quel exemple la société leur donne-t-elle si, elle-même, ne punit pas ces agresseurs du quotidien, ces tyrans domestiques ? Au même titre que ces mineurs qui font du trafic de stupéfiants au bas de leur immeuble en toute tranquillité parce qu'ils savent qu'ils n'iront pas en prison, des hommes frappent leurs femmes en sachant qu'ils ne risquent pas grand-chose. Leur geste est conditionné – et de longue date – par une certaine permissivité de notre société. C'est cette permissivité, ce sentiment d'impunité qu'il faut déboulonner. Par l'éducation et la législation.

Si l'on veut que le nombre de féminicides diminue, et ce d'une manière radicale, il faudra en passer par la loi.

Tant qu'un homme pourra frapper sa compagne sans encourir une peine de prison, la situation n'avancera pas. Je suis sûr que la crainte d'être enfermé en dissuadera plus d'un ! Si la loi continue de protéger comme elle le fait les prédateurs, ces hommes qui tiennent sous leur emprise et terrorisent femmes et enfants, nous nous retrouverons chaque année avec le même décompte macabre. Police et justice doivent réagir dès le premier coup, la première brutalité.

*

La cause des femmes m'a toujours importé. En 2020, alors que je réalisais une série de reportages sur les féminicides, j'ai rencontré Hélène, vice-présidente de l'UNFF. Elle venait de cocréer l'association avec Sandrine et d'autres familles et j'ai eu envie d'apporter mon soutien en devenant son parrain. Leurs histoires, le drame vécu par leurs sœurs m'ont touché et éclairé sur la situation des familles, des enfants de ces femmes assassinées dont on ne parle jamais ou très peu ; ces victimes collatérales dont on ignore la souffrance et qu'on laisse se débrouiller sans aucune aide psychologique ou matérielle.

Les années ont passé et je ressens de la colère en constatant l'état des lieux, le nombre de femmes tuées dont on égrène chaque année le prénom et le numéro sur une liste comme si c'était une fatalité alors que le premier responsable – l'Espagne nous l'a prouvé – est le manque de volonté politique.

On ne peut plus se contenter de réponses telles que « On est débordé de dossiers », « Il n'y a pas assez de magistrats », « On a déjà augmenté le budget », etc. Nos ministres sont pleins de bonnes intentions mais cela ne suffit pas. Et puisque les résultats ne sont pas au rendez-vous, les efforts doivent s'accentuer, il faut débloquer plus d'argent, former des policiers, nommer des juges, créer des structures et des services dévolus à la cause des femmes. Et, avant tout, que de nouvelles lois les protègent de leurs compagnons ou ex violents et dominateurs.

Les choses doivent changer. Le silence, l'indifférence, l'inhumanité ont assez duré.

Olivier Delacroix
Parrain de l'Union nationale
des familles de féminicide

1.

Le choc

Dès sa prise en charge à l'hôpital Saint-Louis à Paris, Ghylaine a été plongée dans un coma artificiel. Son corps est brûlé à 92 % : si elle n'était pas endormie, les douleurs seraient insupportables. Bien que prévenue, quand je rentre dans sa chambre, accompagnée de ma mère et de ma sœur cadette, Nadège, c'est le choc. Sur le lit, son corps immobile branché à un respirateur est méconnaissable. Hormis deux petites fentes au niveau des yeux, ma sœur est couverte de bandages et de sparadraps de la tête aux pieds. Une momie.

Nous sommes sans voix, seules nos larmes coulent devant cette vision épouvantable. On voudrait s'approcher, la serrer dans nos bras mais on ne peut pas. Lorsque maman demande à l'infirmière qui nous accompagne si elle peut embrasser sa fille, celle-ci la regarde d'un air désolé : « Mais, madame... il n'y a pas une seule parcelle de peau qui ne soit pas brûlée, pas une... »

À notre arrivée à l'hôpital, un médecin nous reçoit dans son bureau. D'une voix douce et ferme, il nous explique que tous les organes sont touchés, qu'ils ne pourront rien faire pour la sauver, qu'il n'y a pas d'espoir et que ma sœur ne survivra pas. Vu l'importance des brûlures, il s'étonne même qu'elle soit encore en vie :

— Sans doute vous attendait-elle... C'est trop grave, ajoute-t-il dans un souffle. Maintenant, dites-lui ce que vous avez à lui dire...

Maman a bien entendu, comme Nadège et moi, que tout est fini, que ce n'est plus qu'une question d'heures, de minutes peut-être. Pourtant, dans la chambre, elle se penche au-dessus de ma sœur et lui demande de se battre, elle lui dit qu'elle va s'en sortir malgré tout, qu'elle a confiance... Puis n'en pouvant plus de pleurs et de chagrin, elle quitte la pièce avec Nadège.

Je reste seule auprès de Ghylaine. L'infirmière m'a donné tout à l'heure la seule chose que ma sœur portait sur elle et qu'on a pu récupérer : une petite étoile en or, sa boucle d'oreille. L'autre a fondu sous la chaleur des flammes.

Le temps s'arrête, tout s'immobilise. La réalité est si dure, si violente que tout devient irréel. J'essaie de deviner le joli visage de ma sœur sous les bandes de tissu blanc, je m'accroche à ses yeux clos. Il n'y a plus qu'elle et moi reliées par un fil que je n'ai jamais senti si ténu et si fort à la fois. Malgré les sanglots qui m'enserrent la gorge, des mots sortent de ma bouche sans que j'aie réfléchi à quoi que ce soit. Je sais qu'elle m'entend :

— Ghylaine, tu peux partir maintenant. Ne t'inquiète plus de rien, je suis là, je m'occuperai de Cloé, je prendrai soin d'elle. Pars en paix. Je te promets que ce qu'il t'a fait ne restera pas impuni. Je te vengerai.

« Sans doute vous attendait-elle… », a dit le médecin. Cette phrase ne me quitte pas depuis que je suis entrée dans sa chambre, je la prends comme un signe que nous envoie Ghylaine, un dernier signe. Puisqu'elle a attendu notre présence, nos paroles peut-être, je lui dis ce qu'elle espère et ce que je pense au plus profond de moi. Je lui dis ce qu'elle a besoin d'entendre, de là où elle se trouve qui n'est plus tout à fait le monde des vivants.

*

Quelques heures plus tôt dans la journée, j'avais reçu un SMS sur mon téléphone d'un expéditeur inconnu : « Rappelez-moi à ce numéro », était-il écrit sur ce message auquel je n'avais pas donné suite, ne reconnaissant pas le pseudonyme de la personne. Une erreur, sans doute. Deux heures plus tard, un nouveau message du même expéditeur : « Je suis le frère de Christophe, il s'est passé quelque chose de grave, rappelez-moi d'urgence. »

Quelque chose de grave ! Spontanément, j'avais pensé que mon beau-frère s'était suicidé. Il avait déjà fait une tentative avant de connaître ma sœur… C'est le genre de personne qui manie le chantage au suicide et qui se positionne comme une victime pour éviter la séparation. Je sais par Ghylaine que leur couple battait de l'aile depuis quelques mois. Pourvu qu'il n'ait pas fait de bêtise !

Je rappelle tout de suite le numéro qui décroche à la première sonnerie :

— Sandrine, je voulais vous prévenir qu'il y a eu un incendie au domicile de Ghylaine et Christophe : l'appartement a pris feu. Votre sœur est dans un état grave, elle se trouve à l'hôpital Saint-Louis, mon frère a été hospitalisé à Percy dans l'unité des grands brûlés et Cloé est à Clamart...

Il ne me dit rien de plus, en tout cas il fait mine de ne pas en savoir davantage.

C'est la première fois que je lui parle, d'où le vouvoiement. Christophe entretenait des relations avec sa famille mais sans Ghylaine – ce qui explique que je ne le connais pas.

Le feu ! Un court-circuit, peut-être ? Comment est-ce possible dans un appartement récemment rénové ? Sur le coup, mes idées s'embrouillent, je ne sais pas qui appeler. Ma sœur et son conjoint vivant au Plessis-Robinson, ils dépendent du commissariat de Clamart. Là-bas, on me dira peut-être ce qui s'est passé...

Au policier qui me répond au téléphone, j'explique la raison de mon appel et il m'interrompt tout de suite : « C'est pas nous, il faut appeler la police judiciaire de Nanterre... », et il me donne le numéro. À Nanterre, la personne chargée de l'enquête me demande de venir dès que possible. « On a des questions à vous poser... » C'est tout. Aucune information supplémentaire.

Je raccroche très perplexe et me mets en route après être passée prendre ma mère que j'ai mise au courant de l'incendie et de l'hospitalisation de Ghylaine. Sur le chemin, les questions m'assaillent : pourquoi la police judiciaire ? Quel rapport avec l'incendie ? Et pourquoi veut-on me voir en urgence ? Pourvu qu'on ne me garde pas trop longtemps, j'ai hâte de me rendre au chevet de Ghylaine et de Cloé. Ma nièce n'a que sept ans, elle doit être terrorisée par ce qu'elle a subi.

À Nanterre, on me reçoit sans attendre tandis que maman patiente dans le hall. Autant ne pas la mettre en première ligne… Une policière commence à me poser des questions sur mes rapports avec Ghylaine, avec Christophe, si l'entente est bonne entre nos familles respectives… Un peu étonnée, je réponds du mieux que je peux sans comprendre l'objet de cet interrogatoire qui dure une quinzaine de minutes. Je ne suis toujours pas informée de ce qui s'est passé. N'en pouvant plus, j'ose une question :

— Excusez-moi, on m'a dit que ma sœur était gravement brûlée… Je ne comprends pas : elle dormait quand l'incendie s'est déclaré ?

À cet instant, la policière lève les yeux vers moi et me fixe, interloquée :

— Non, non, il a mis le feu sur elle !

— PARDON ?

Ma question a fusé comme un cri. Je suis tellement sidérée que tout devient flou autour de moi. Une autre question surgit de ma tête et me vrille le cerveau : comment vais-je annoncer ça à maman ? Elle qui attend dans le hall et qui doit commencer à trouver le temps long !

Mes pensées se mêlent à toute allure comme si elles étaient prises dans un immense mixeur. Je me sens traversée par un sentiment de culpabilité et surtout de trahison envers cet homme que nous connaissons depuis dix ans, que nous avons accueilli dans notre famille et qui est le parrain de mon fils aîné ! Je pense à tout cela avec, en surplomb, cette phrase terrible qui résonne comme un acouphène infernal : « Il a mis le feu sur elle ! Il a mis le feu sur elle ! »

L'interrogatoire se poursuit mais je suis ailleurs, en état de choc, de sidération. Je ne sais même pas si la policière s'en rend compte. À aucun moment, elle ne me demande si je vais bien, si j'ai besoin d'un verre d'eau. Elle n'a même pas la carte d'une association, ou le numéro de téléphone d'un psychologue à me proposer pour m'aider. Le ciel me tombe sur la tête et elle me laisse me dépatouiller avec ça. Je comprends que rien n'est prévu pour ce genre de situation.

Intérieurement, je n'arrête pas de penser à ma mère : comment vais-je faire ? Comment vais-je lui annoncer cette horreur ? Quand je redescends dans le hall, l'ascenseur s'ouvre sur ma mère en larmes. Elle sait tout. Mais qui lui a dit ? J'apprends que la police judiciaire a convoqué les voisins de Ghylaine qui lui ont porté secours et que, dans la salle d'attente, ils ont appris la nouvelle à ma mère. J'aurais tellement voulu être là pour peser les mots, l'épargner autant qu'il était possible !

Nous partons ensuite à Saint-Louis en récupérant Nadège au passage. Là encore – et je n'en aurai pas fini puisque c'est moi qui informerai tous les membres de ma famille –, c'est un moment très difficile. Comme nous, ma sœur cadette ne peut pas croire que cet homme, que nous pensions si bien connaître, ait voulu tuer Ghylaine. Je ne parle même pas du choc quand elle a vu notre sœur sur son lit de douleurs.

*

Après avoir quitté Ghylaine, je me dépêche de rejoindre Cloé à l'hôpital Antoine-Béclère à Clamart. Dieu sait dans quel état la petite se trouve ! Je n'ose même pas imaginer ce qu'elle a vu et entendu du drame. Elle doit être affreusement choquée. Sans parler des blessures et, à cette heure, personne ne nous a rien dit concernant son état psychologique.

Quand j'entre dans sa chambre, Cloé est assise sur son lit en train de jouer. Elle a été mise sous oxygène la nuit précédente à cause de la fumée qu'elle a inhalée mais elle va mieux à présent. Je suis soulagée de la voir si calme et s'amusant comme une petite fille de son âge.

Son oncle et sa tante paternels sont près d'elle. C'est lui, le frère de Christophe, qui m'a prévenue par message téléphonique. Devant moi, il semble perdu, hébété, ne cessant de répéter : « Je ne comprends pas ce qui s'est passé, je ne comprends pas... » Puis ils me laissent seule avec Cloé.

Ravalant mes larmes autant que je peux, je veux tout de suite la rassurer, lui dire que quoi qu'il se passe je serai toujours là et qu'elle peut compter sur moi, je ne l'abandonnerai jamais.

— Ne t'inquiète pas Cloé, tata est là, je m'occuperai de toi... enfin, si tu es d'accord ?

— Oui, je suis d'accord... répond-elle sans hésiter.

Ensuite nous jouons ensemble en silence. J'attendrai qu'elle veuille me raconter, il est trop tôt pour l'instant. Elle ne me demande pas comment va sa mère. Peut-être de peur que je lui donne de mauvaises nouvelles ? Pour la première fois, je n'ose pas lui souhaiter une bonne nuit, les mots ne sortent pas... Alors je la serre très fort dans mes bras.

À la fin de cette journée de cauchemar, toute la famille se retrouve chez moi pour entourer notre mère. Mon frère qui n'a pas pu aller à l'hôpital me demande des nouvelles de Ghylaine. Au ton de sa voix, je sens bien qu'il n'a pas compris l'extrême gravité de son état :

— Alors, comment est-elle ? demande-t-il.

— Elle va mal, David, très très mal...

— Mais... elle ne va pas mourir quand même !

— Si, David... Le médecin a dit qu'il n'y avait aucun espoir.

Il fallait qu'il l'entende de ma bouche pour le réaliser. Mon frère s'est effondré en larmes. Nous sommes restés assis longtemps, silencieux, hébétés, hors du temps, en état de choc.

Ma misérable et minuscule consolation est de me répéter en moi-même que, vu l'état de ses blessures, mieux vaut qu'elle ne s'en remette pas. Survivre à de telles brûlures serait pour elle un deuxième enfer, des douleurs atroces, une vie de souffrances... Tout mais pas ça !

Dans l'édition du samedi du quotidien *Le Parisien*, la nouvelle de l'incendie est déjà sortie, avec les prénoms de ma sœur et de mon beau-frère, l'adresse où le drame a eu lieu, l'étage dans l'immeuble et une photo de la porte de l'appartement. Si je n'avais pas appelé le commissariat le matin pour avoir des nouvelles de ma sœur, j'aurais été informée de son sort par la presse ! Comment est-ce possible ?

Le lendemain matin, dimanche 24 septembre 2017, alors que je m'apprête à rejoindre l'hôpital Saint-Louis, une infirmière m'appelle pour me dire que tout est terminé. Ma sœur vient de nous quitter sans sortir du coma. Déjà, quand j'ai appelé dans la nuit pour savoir comment elle allait, on m'a dit que les transfusions avaient été interrompues, qu'elles ne servaient à rien. Ses organes trop abîmés ont lâché les uns après les autres et elle s'est éteinte.

Ghylaine avait trente-quatre ans. Elle est la 96e des 143 femmes qui seront tuées en 2017 par leur conjoint ou ex-compagnon. Une des pires années qui soit.

Ensuite, il m'a fallu annoncer sa mort à ma mère, à mon frère, à Nadège, à nos proches et ce n'était pas facile car même si nous étions tous prévenus de l'issue fatale, certains continuaient à espérer un miracle. J'avais l'impression que chacun de mes mots pesait une tonne, c'était atroce de crever ainsi le cœur de ceux que j'aimais. J'essayais de dire « Elle est partie » ou bien « Elle nous a quittés », mais dans ma tête ça hurlait « Elle est morte ! Morte ! » et une envie de vengeance extraordinaire montait en moi aussi forte que le chagrin.

Évidemment, je pensais à Cloé.

Je lui avais dit que sa maman était très gravement atteinte, pour la préparer en douceur à la mauvaise nouvelle qui n'allait pas tarder. À présent, nous y étions.

Ma mère, ma sœur et moi sommes parties à l'hôpital la prévenir. Je voulais arriver la première pour l'entourer autant que je le pouvais en de telles circonstances. Que l'affreuse nouvelle soit compensée par des mots tendres, ceux que je lui avais dits la veille : je ne l'abandonnerai jamais comme je l'avais promis à Ghylaine sur son lit de mort.

Avant d'arriver jusqu'à Cloé, j'ai informé la psychologue de l'hôpital – qui n'a jamais passé beaucoup de temps avec elle – de la mort de ma sœur et elle m'a accompagnée pour apprendre la nouvelle à ma nièce. Dans un bureau, j'ai retrouvé Cloé, et le frère de Christophe. La simple vue de son petit visage triste m'a mise en larmes. Quand je l'ai prise dans mes bras pour lui dire que les médecins n'avaient rien pu faire et que sa maman était montée au ciel, elle n'a eu aucune réaction. Son visage est resté figé, sans expression.

La psychologue a essayé de la faire réagir :

— Tu as le droit d'être en colère, tu sais, tu as le droit de pleurer, Cloé... a-t-elle murmuré.

— Je sais, mais je ne veux pas faire de peine à ma famille...

C'est encore elle qui voulait nous protéger.

À sept ans, Cloé était une fillette déjà mûre pour son âge, extrêmement joyeuse, qui s'intéressait à tout. Elle posait beaucoup de questions, sa curiosité semblait insatiable. Là, elle se réfugiait dans son monde, se rendant inaccessible aux coups, à la douleur. Elle est demeurée quelques jours dans le silence avant de commencer, petit à petit, à me raconter ce qu'elle avait vu. Mais pas une fois durant les trois semaines où elle est restée à l'hôpital, je ne l'ai vue pleurer.

2.

Ghylaine, ma complice de toujours

Ghylaine était la benjamine de la famille, plus jeune que moi de neuf ans. Petite, elle me collait toujours aux basques, elle voulait tout faire « comme sa grande sœur » et moi je laissais faire même si ça m'agaçait un peu parfois ! « Tant pis pour toi, tu as fait ton malheur toute seule, me disait ma mère. Tu l'as emmenée partout avec toi, maintenant elle continue à te suivre... » David et Nadège, plus âgés qu'elle, avaient leur groupe de copains et c'est vers moi, l'aînée, que Ghylaine se tournait naturellement.

On connaît le rôle des « grandes » dans les familles nombreuses : elles s'occupent des plus jeunes pour soulager les parents qui travaillent. Ghylaine et moi étions donc très proches l'une de l'autre et, en grandissant, de plus en plus complices, presque fusionnelles. C'est ainsi que lorsque j'ai accouché de mon premier enfant, Ghylaine qui n'avait que seize ans a voulu être présente. Elle est la première à avoir tenu mon fils Guillaume dans les bras.

Ces rapports très étroits entre nous, tissés d'affection, d'amour et d'estime ont été instaurés par nos parents. Mon père était le patriarche de la famille, quelqu'un de très droit et d'intègre, aimé autant que respecté. Sévère mais juste, il savait nous punir et nous récompenser. Pas de violence, jamais de coups mais des lignes à faire, la première page du dictionnaire à recopier, par exemple. Une punition suffisamment contraignante pour que l'envie nous passe de recommencer les bêtises. On peut dire que nous avons été des enfants sages et bien élevés, témoins au quotidien de parents qui s'aimaient profondément.

Mon père avait eu une enfance sans mère et son père l'avait abandonné dans un pays étranger avec son petit frère. Une histoire insensée où les policiers avaient découvert les enfants seuls, puis retrouvé le père à qui on les avait rendus sans l'interroger et sans se soucier de leur bien-être. À cette époque, le sort des enfants n'éveillait pas beaucoup les consciences... Sans s'étendre sur ses malheurs, il nous répétait souvent qu'il ne voulait pas que nous passions par où il était passé et il y est parvenu admirablement : mes sœurs, mon frère et moi avons eu une enfance très heureuse.

Après une carrière de militaire et de routier, papa est devenu gardien de résidence en 1980. Nadège, ma sœur cadette, étant de santé fragile, il voulait être plus souvent à la maison pour soulager notre mère.

Quand il est parti d'une crise cardiaque en 2015, nous avons perdu notre pilier. Il est mort chez lui et c'est ma mère qui l'a trouvé étendu dans la cuisine. Nous étions déjà tous très soudés et son départ nous a rapprochés encore plus les uns des autres. Ma mère était si choquée, si inconsolable que mon frère David qui est célibataire est venu vivre avec elle. Nous craignions qu'elle fasse une bêtise…

*

Ghylaine avait pris l'habitude de se confier à moi. Jeune fille, elle me racontait ses flirts et j'étais la première informée si une aventure avait des chances de se transformer en histoire sérieuse. Avant de connaître Christophe, elle avait fréquenté plusieurs années un jeune homme qui, le jour où il est tombé très gravement malade, a préféré rompre avec elle plutôt que l'entraîner dans une vie douloureuse à cause de cette maladie. Elle avait été très triste de cette décision mais l'avait respectée. Fort heureusement, il avait connu une rémission et ils étaient restés très proches.

Comme beaucoup de couples, Christophe et Ghylaine se sont rencontrés dans une discothèque et ils se sont fréquentés une année avant de s'installer ensemble. De leur couple, on peut dire qu'il était « sans histoires » : ils travaillaient tous les deux, avaient un enfant, un appartement dans une jolie résidence. Le genre de couples dont les voisins disent qu'ils sont discrets, gentils, qu'ils partent le matin et rentrent le soir, qu'il n'y a jamais eu de problème avec eux. Jusqu'au jour où…

À l'époque du drame, j'étais auxiliaire de puériculture et Ghylaine, vendeuse dans une boulangerie à Sceaux. Chaque matin en partant au travail, nous nous appelions au téléphone pour échanger quelques mots, parler de la soirée de la veille ou des enfants, se raconter une anecdote drôle qu'on avait entendue, une information aux actualités… Pas un jour ne s'écoulait sans ce petit rendez-vous joyeux et matinal. Le week-end, on s'appelait plus tard dans la journée, raison pour laquelle, le drame s'étant produit un vendredi soir, je ne me suis pas étonnée de ne pas avoir de nouvelles d'elle le lendemain matin.

Je savais que leur union connaissait des turbulences depuis quelques semaines. Et pour cause : au mois de mai 2017, ma sœur est tombée amoureuse d'un homme de huit ans plus jeune qu'elle, Éric, un client de la boulangerie. Il y a eu un échange de regards, des sourires et, un soir, il l'a attendue à la sortie du magasin. Ils ont commencé à se voir en toute discrétion. Ghylaine semblait très éprise.

Peu après, elle m'a confié être assez sûre de ce qu'elle ressentait pour envisager de refaire sa vie.

— Réfléchis bien, surtout ne t'emballe pas… lui ai-je conseillé.

Moi, je pensais d'abord à Cloé, mais ma sœur était déterminée. Avec Éric, m'expliquait-elle, elle se sentait regardée, aimée comme elle ne l'était plus dans son couple depuis longtemps. Elle avait hâte de passer à autre chose.

Que s'est-il passé pour qu'elle envisage de quitter son compagnon avec qui elle vivait depuis une dizaine d'années ? Rien de spectaculaire, je suppose. Depuis longtemps, elle souhaitait officialiser leur relation mais Christophe traînait des pieds, invoquant le coût élevé d'un mariage… Je sais que ma sœur en a souffert longtemps. Ensuite, le quotidien, les habitudes, la routine, le caractère très rigide de son conjoint ont dû grignoter les sentiments que Ghylaine éprouvait pour lui.

Au quotidien, ils ne partageaient pas grand-chose et ne faisaient quasiment rien ensemble, hormis les vacances, et même avant la naissance de leur fille. Lui, vivait sa vie de son côté : le week-end, il s'absentait souvent pour aller voir ses copains avec qui il faisait de la mécanique, sa passion. Ghylaine se sentait un peu seule, délaissée. Les mots doux, les gestes tendres, les petites attentions, elle est partie les chercher ailleurs.

Je pense à cette phrase qu'elle répétait souvent lorsqu'elle parlait d'Éric : « Il est gentil avec moi... » Cela peut sembler un minimum dans une relation mais, apparemment, elle ne trouvait plus cette gentillesse auprès de Christophe qui n'avait jamais été très démonstratif. Je ne les ai jamais vus se prendre par la main, s'embrasser, même furtivement. Et je ne pense pas que c'était par excès de pudeur.

En y repensant, je comprends qu'elle ne me parlait pas de lui. Jusqu'aux dernières semaines avant le drame où là, tout est sorti en me racontant que ça n'allait plus du tout. Jamais durant les dix années passées avec lui elle n'avait exprimé l'envie de le quitter.

On ne sait jamais ce qui se passe dans le secret des couples. Certains implosent en plein vol alors que tout semblait aller pour le mieux, et d'autres qui ne font que s'accrocher en public battent des records de durée. Après coup, forcément, j'ai reconsidéré les choses et j'ai repensé à certains moments partagés avec ma sœur et son compagnon, des comportements, des paroles qui ont peut-être accéléré leur rupture et qui auraient pu me mettre la puce à l'oreille concernant le drame à venir.

3.

L'homme aux deux visages

Si je devais décrire en quelques mots la personnalité de Christophe, et là je considère les moments que nous avons passés ensemble, en famille, je dirais qu'il était froid et plutôt réservé. Réservé, je peux le comprendre : il n'était pas simple de s'intégrer, de trouver sa place dans le groupe que nous formions mes sœurs, mon frère et moi. Nous avons toujours été une fratrie soudée et complice, nous adorons être ensemble dans notre « bulle » : lorsqu'on se retrouve, on se remémore des souvenirs d'enfance et on rigole comme des fous ! À notre contact, j'imagine qu'on peut se sentir exclu. Même Anthony, mon conjoint avec qui je vis depuis presque vingt ans et qui aime beaucoup ma famille, m'a avoué ne pas être parfois tout à fait à l'aise en notre présence.

Après le drame, des souvenirs me sont revenus qui laissaient percevoir l'emprise que Christophe exerçait sur ma sœur et sur leur fille Cloé. Des moments, des scènes du quotidien que la mort de Ghylaine a éclairés d'une manière tout à fait différente.

Ce jour, par exemple, où Ghylaine m'a raconté qu'elle avait dû recommencer le ménage chez elle parce qu'elle ne l'avait pas fait « comme Christophe le voulait ». J'avais ouvert des yeux ronds :

— Comment ça, « comme il veut » ? avais-je demandé.

— Ben si... je dois nettoyer l'appartement dans le sens qu'il demande. De droite à gauche et pas l'inverse.

C'était tellement énorme que je n'avais rien répondu, me demandant si j'avais bien compris. D'ailleurs, souvent lorsqu'elle me racontait ces petits désagréments domestiques, j'avais du mal à croire qu'il la rabaisse ainsi. Ma sœur exagérait, forcément. Ayant toujours été la plus gâtée de la famille, la « petite princesse », je me disais qu'elle noircissait le tableau.

Et puis un incident m'avait frappée un jour que nous déjeunions tous les quatre à leur domicile. Quand Ghylaine avait voulu se resservir un peu de hachis Parmentier, Christophe s'était interposé :

— Ça suffit, tu as assez mangé maintenant !

Le ton était dur, cassant ! J'avais trouvé cela excessif d'autant qu'à cette époque ma sœur avait perdu beaucoup de poids et qu'il aurait dû l'encourager en lui faisant des compliments. Mais non, c'était tout de suite des menaces : « Bon, maintenant tu vas faire attention à ne pas reprendre le poids que t'as perdu, hein ? » Sinon, quoi ? Elle n'a jamais demandé. Elle était habituée à ses remarques acerbes. Les propos de Christophe étaient rarement bienveillants.

J'étais intervenue discrètement en disant qu'il pouvait bien la laisser manger ce qu'elle aimait ; un écart, ce n'était pas si grave... Mais Ghylaine n'ayant pas réagi, je n'avais pas insisté ne voulant pas créer de tensions supplémentaires.

Elle s'était abstenue de se resservir.

Après coup, je me suis dit que j'aurais dû être plus ferme, demander à Christophe de parler autrement à ma sœur, m'interposer... Mais c'est tellement difficile ! On a l'impression de s'immiscer, voire de jeter de l'huile sur le feu et je suis sûre qu'elle m'aurait fait les gros yeux en m'indiquant discrètement de « laisser tomber ». Je n'avais pas compris qu'avec une telle pression, elle n'était déjà plus tout à fait elle-même.

D'une manière générale, Christophe ne débordait pas d'attentions pour sa femme et je sais que ma sœur en souffrait. Ce comportement peu amoureux a forcément joué dans le désamour qui s'est, peu à peu, enclenché chez elle. Elle l'a aimé plusieurs années et, un jour, à force de ne plus partager grand-chose, cet amour s'est tari. Quelques mois avant le drame, Anthony, mon compagnon, m'avait confié qu'il la trouvait mélancolique, un peu triste. « Elle n'a plus sa bonhomie d'avant... » remarquait-il.

« Vous ne savez pas... » avait répondu Ghylaine à ma mère, un jour où celle-ci s'étonnait qu'elle se plaigne à nouveau de Christophe.

Le fait est qu'on n'a rien vu et que, malgré son caractère ombrageux, nous avions toute confiance en Christophe. Certes, il n'était pas toujours commode mais de là à imaginer que... Nous sommes tombés des nues. Il est certain que ma sœur m'a envoyé des signaux que je n'ai pas su décrypter. À l'époque, je n'étais pas aguerrie aux violences, aux signaux faibles* comme je le suis aujourd'hui.

Je précise que Ghylaine n'était pas une « femme faible » dans le sens où, d'une manière générale, elle exprimait ce qu'elle pensait, elle ne se laissait pas dicter sa conduite. Christophe n'avait jamais levé la main sur elle, il n'était pas violent dans ses gestes. Jamais ma sœur ne s'est plainte de claques ou de coups. Elle n'était pas ce qu'on appelle communément une « femme battue » mais elle subissait de la violence psychologique, une forme de tyrannie domestique. C'est d'une manière plus insidieuse que s'exerçait l'emprise de Christophe sur elle. Raison pour laquelle nous n'avons jamais pensé que ma sœur puisse être en danger.

Peu à peu, la sévérité de son conjoint lui est devenue très pénible. Je me souviens qu'elle m'avait dit ne plus vouloir fréquenter la famille de Christophe dont les réflexions, les piques l'insupportaient. La forte personnalité de ma sœur dérangeait. C'est aussi pour cette raison que Ghylaine ne nous a jamais présenté sa belle-famille.

Depuis quelques mois, ma sœur avait perdu sa joie de vivre ; souvent je la trouvais éteinte alors qu'elle pouvait être un vrai boute-en-train. Mais elle ne se confiait pas, elle ne disait jamais de mal de son conjoint, elle ne se

---

* Le signal faible est une « information d'alerte précoce, de faible intensité, pouvant être annonciatrice d'une tendance ou d'un événement important ». Concept conçu dans les années 1970 par Igor Ansoff, chercheur en management stratégique. Une liste de signaux faibles se trouve dans les annexes de l'ouvrage.

plaignait de rien. En tout cas beaucoup moins à nous, sa famille, qu'à l'extérieur. Je sais qu'à plusieurs reprises elle a évoqué ses problèmes de couple à la responsable de la boulangerie. Sous la pression quotidienne, Ghylaine avait peu à peu baissé les bras, se refusant d'affronter l'humeur de son conjoint. Pour elle, la seule issue était la séparation. La rencontre avec Éric en a été le déclencheur.

Concernant Cloé, lorsque je l'ai accueillie chez moi après le drame, j'ai remarqué que dans certaines situations ses réactions étaient étranges, excessives. Un soir, elle dormait à la maison, et elle avait par mégarde taché son pyjama avec de la crème au chocolat. Cet incident, qui pour mes enfants n'aurait eu aucune importance, en a pris une énorme pour ma nièce. Elle s'est mise à hurler ! J'ai accouru :

— Mais qu'est-ce qui se passe, ma chérie ?

— J'ai fait une tache sur mon vêtement ! gémissait-elle.

Je lui ai dit que ça n'était pas grave et qu'il suffisait de changer son haut de pyjama, mais elle pleurait à chaudes larmes et a mis du temps avant de se consoler.

Une autre fois, en se lavant les dents, elle avait fait tomber un peu de dentifrice dans le lavabo. Là, encore, hurlements et pleurs.

— J'ai gâché du dentifrice... sanglotait-elle.

Je n'en revenais pas qu'elle se mette dans des états pareils pour si peu de chose ! Lorsque j'en ai reparlé avec elle, elle m'a raconté que son père la punissait assez durement quand elle salissait ses vêtements, ce qu'elle ne m'avait jamais dit auparavant. Elle aussi faisait des lignes, mais pour presque rien ! Une fois, parce qu'elle avait couru après des pigeons, une autre parce qu'elle avait mis de l'eau par terre dans la salle de bains en prenant sa douche.

Pourtant Cloé n'est pas une petite fille compliquée. Elle est intelligente, bonne élève alors que Christophe reprochait souvent à Ghylaine de mal s'en occuper, de ne pas suffisamment surveiller ses devoirs. En même temps, ma sœur rentrait tard, vers 21 heures, après la fermeture de la boulangerie. Elle faisait comme elle pouvait. C'est surtout lui qui se chargeait de l'éducation de Cloé et tout était prétexte pour la cadrer. Pourtant, il ne manquait pas de gentillesse pour sa fille et elle ne m'a jamais dit qu'elle le craignait mais, de la même manière qu'on ne s'épanouit pas à l'ombre d'un arbre, Cloé ne grandissait pas à être ainsi sous contrôle paternel.

Apparemment, Christophe avait un problème avec l'ordre et la propreté... Ce que ma sœur Nadège m'a confirmé quelques jours plus tard. Elle pique-niquait au parc de Sceaux avec Ghylaine, Christophe et Cloé. Quand Nadège s'est levée pour offrir des glaces à ses enfants et à sa nièce, Christophe s'est interposé :

— Non, non, pas de glace pour Cloé...

— Ah bon ? Mais pourquoi ?

— Elle va s'en foutre partout !

Ma sœur l'a regardé, interloquée, mais ne voulant léser personne elle est allée acheter des glaces pour tout le monde. Pauvre Cloé ! Son père lui avait mis une telle pression qu'elle a fini par tacher sa robe. Là, il est devenu fou. Il fallait trouver, toutes affaires cessantes, des lingettes pour nettoyer le vêtement ! Ses réactions étaient totalement disproportionnées et il ne voulait rien entendre. Pour finir, ils ont plié bagage. Le bel après-midi était terminé. Quand il était dans ces états, il avait le chic pour gâcher les bons moments.

Christophe aurait voulu montrer qu'il était le chef d'une famille parfaite. Ma sœur me racontait que, le week-end, pour aller chercher le pain au coin de la rue, il voulait qu'elle s'habille et se maquille comme si elle allait au travail. Ce n'est pas elle qu'on aurait vue en jogging ! Il ne supportait aucun « négligé ».

De même, Cloé a tout de suite été le nombril du monde pour son père. Elle devait être impeccable quelle que soit l'heure de la journée ou l'endroit où elle se trouvait. Parfois elle me donnait l'impression de vivre « sous cloche », toujours sous l'œil paternel. Je me souviens lorsque nous faisions des fêtes dans un local près de chez moi qu'elle ne pouvait pas jouer avec ses cousins, mes fils, sur la petite place attenante, alors qu'ils étaient à vingt mètres de nous. Elle devait rester près de ses parents et lorsqu'il consentait à ce qu'elle s'éloigne, il la surveillait comme un garde du corps. Rien de ce qu'elle faisait ne lui échappait.

Vu de l'extérieur, tout cela ne semble pas très grave mais, à la longue, c'est une forme d'emprise. Dans ces moments, son côté dictatorial faisait monter une tension qui devenait pesante pour tout le monde.

4.

TENSIONS ET MENACES

Christophe était d'un tempérament jaloux. Lorsque Ghylaine avait perdu du poids, tant son travail à la boulangerie était fatigant, il avait eu une formule douce-amère qui avait déplu à ma sœur : « Tu deviens belle pour plaire aux autres hommes » lui avait-il dit un soir qu'il était venu la chercher à la sortie du magasin. Ce qui aurait pu être un compliment était un nouveau reproche.

S'il acceptait que Ghylaine sorte de temps à autre avec ses copines, il fallait qu'elle rende des comptes, qu'elle réponde à ses appels téléphoniques pour dire où elle se trouvait et parfois même qu'elle envoie une photo des personnes avec qui elle passait la soirée !

Christophe détestait qu'elle soit au téléphone lorsqu'il rentrait le soir. Combien de fois, lorsque nous parlions ensemble, elle s'est interrompue en entendant la clé dans la serrure : « J'te laisse, j'te laisse... » murmurait-elle en me raccrochant presque au nez ! Par jalousie, il lui est aussi arrivé de fouiller dans l'ordinateur et le téléphone portable de ma sœur.

À maintes reprises, j'ai dit à Ghylaine que ce comportement n'était pas acceptable, qu'il fallait réagir, mais elle haussait les épaules. Était-elle même consciente d'être sous emprise ? À cette époque, j'ai pensé que je n'avais pas à m'en mêler, que c'était à elle de défendre sa liberté. Elle n'affichait pas non plus le visage de quelqu'un de persécuté…

En revanche, je me doutais que ça ne se passerait pas facilement avec Christophe le jour où ma sœur lui annoncerait qu'elle allait le quitter. Elle comptait l'affronter mais elle appréhendait ce moment. Moi aussi. J'étais préoccupée par cette épée de Damoclès au-dessus de sa tête et de celle de Cloé.

— Si tu as besoin de parler ou d'avoir des conseils, je suis là, appelle-moi… lui avais-je dit après avoir reçu sa confidence. Et si tu dois quitter Christophe, décide-toi vite !

Ghylaine savait ce que je pensais de l'adultère. Je déteste l'infidélité, les mensonges et les cachotteries que cela engendre. La double vie que ma sœur menait était inimaginable pour moi. Qu'elle décide de se séparer, je pouvais le comprendre, mais il fallait que les choses soient dites, que la situation devienne claire. Elle devait parler.

En même temps, je me répétais qu'elle avait les pieds sur terre, qu'elle y réfléchirait à deux fois avant de tout lâcher pour une passion, d'autant qu'elle était en couple avec Christophe depuis dix ans et qu'ils étaient liés par des engagements financiers, comme le prêt qu'ils avaient contracté pour acheter leur appartement. Elle m'avait rassurée : même si elle comptait vraiment le quitter, elle ne partirait pas en claquant la porte.

Ma sœur voulait faire les choses sans précipitation, sans conflit. Pour bien la connaître, je sais qu'elle ne naviguait pas si bien que ça dans les eaux troubles du mensonge et de la dissimulation. Mais elle a été prise de vitesse...

Les événements ne se sont pas déroulés comme elle l'imaginait.

Quatre mois après être tombée amoureuse du jeune Éric, Ghylaine s'est confiée à sa meilleure amie. Sous le sceau du secret, bien entendu : Christophe ne devait rien savoir avant qu'elle ne se décide à lui parler. Malheureusement, le mari de cette amie en a été informé. Lui en a-t-elle parlé, trahissant ainsi la confiance de ma sœur ? A-t-il entendu leur conversation au téléphone ? Je l'ignore mais cet homme connaissait Christophe et n'a rien trouvé de mieux que de lui envoyer un SMS sur son téléphone portable pour l'informer de la situation : « Tu es cocu, mec ! » Un message anonyme, évidemment. Élégant et très courageux. Le corbeau dans toute sa médiocrité.

Questionnée le soir même par Christophe, ma sœur a nié. Elle ne voulait pas que les choses se passent ainsi, qu'un délateur la pousse à prendre sa décision. Elle s'interrogeait, elle n'était pas encore prête.

Malgré tout, Christophe était troublé. Le 11 septembre 2017, sans prévenir Ghylaine, il s'est rendu à la sortie de l'école de Cloé, en fin d'après-midi, et il est tombé sur ma sœur et Éric qui attendaient la petite. C'est Éric qui a fait le premier pas vers lui :

— Est-ce qu'on peut parler calmement ? lui a-t-il dit.

Ils ont commencé à discuter tandis que Ghylaine, un peu plus loin, guettait la sortie de Cloé. Au tribunal, Éric expliquera que la conversation a tout de suite porté sur le sexe, Christophe parlant ouvertement des rapports physiques qu'il avait avec Ghylaine ! Les mots étaient sales, dégradants pour ma sœur. Éric a été surpris d'entendre son aîné parler ainsi, mais ne voulant pas être en reste, il a renchéri avec des détails graveleux sur sa relation avec ma sœur. J'imagine la scène : deux jeunes coqs qui se défiaient, le tout à deux pas de la principale intéressée !

Leur vie a repris comme avant mais, ainsi que Christophe le prétendra au tribunal, à partir de ce jour, il n'a plus connu un instant de repos. Jusqu'au soir du drame, dira-t-il, ses nuits sont devenues une longue insomnie... ce qui, malgré tout, ne l'empêchait pas d'aller au travail. Ghylaine m'avait raconté que, parfois, la rage montait en lui et qu'il avait des réactions de violence contenue :

— Tu peux partir, mais tu n'auras pas Cloé... disait-il, la mâchoire serrée.

C'était un prétexte, il savait qu'ainsi il la coinçait : jamais Ghylaine n'aurait laissé sa fille derrière elle. Que Christophe cherche à la priver de Cloé d'une manière ou d'une autre était sa plus grande inquiétude :

— Il va me faire la misère... avait-elle dit à son amie.

Je ne pense pas qu'elle ait eu peur pour elle, elle craignait surtout que Christophe cherche à se venger d'elle à travers Cloé, qu'elle perde la garde de son enfant. Et pourtant, elle avait dit à cette amie que si celle-ci n'arrivait pas à la joindre, c'est qu'il lui serait arrivé « quelque chose »... Un quelque chose dont elle n'avait pas idée mais que, visiblement, elle appréhendait. Par précaution, elle lui avait donné le numéro de téléphone d'Éric.

S'il y a eu crainte, appréhension, elle n'a pas jugé bon de nous en parler, nous, sa famille. Je suppose qu'elle n'a pas voulu nous inquiéter. Malgré tout, je pense sincèrement qu'elle n'imaginait pas que son souhait de rompre allait susciter une telle réaction chez son conjoint. Elle ne se sentait pas en danger physique. Comme nous, elle n'a rien vu venir.

Les chantages au suicide ont commencé dès ce moment. Christophe était déjà passé à l'acte en jetant sa voiture contre un mur lorsque sa précédente compagne l'avait quitté. Connaissant Ghylaine et sa compassion pour ceux qui souffrent, elle devait craindre qu'il recommence. Elle n'aimait plus son compagnon mais elle ne voulait pas pour autant être la cause d'un drame. Comme beaucoup de victimes de violences conjugales, elle était très empathique et, malgré tout, Christophe restait le père de sa fille. Le préserver, c'était épargner l'enfant et envisager des rapports futurs plus sereins.

Ghylaine m'avait raconté qu'il lui arrivait de se réveiller en sursaut, la nuit, se sentant observée. Christophe était assis sur une chaise près du lit. Il la regardait dormir d'un air bizarre. Elle était de moins en moins tranquille en sa présence.

Il s'était assombri, renfermé. Plus rien ne semblait l'intéresser depuis qu'il avait compris que Ghylaine aimait ailleurs et qu'elle comptait quitter le domicile à plus ou moins brève échéance. L'idée de vengeance a dû germer à ce moment, il s'est préparé à l'accomplir et en a réuni les instruments.

Cinq jours avant qu'il ne s'en prenne à elle, sentant que la tension montait et que Ghylaine ne savait que faire pour calmer le jeu, mon compagnon et moi avons appelé Christophe pour qu'il sache que, malgré tout, on ne l'oubliait pas. Anthony lui a parlé longuement, en toute amitié, en commençant par lui dire qu'il y avait peut-être moyen de rattraper les choses en faisant quelques efforts... Sans succès. Christophe ne voulait rien entendre, il était triste, perdu et sentait que Ghylaine lui échappait.

Nous étions vraiment sincères dans nos encouragements. À l'époque, nous n'avions pas de raisons de le détester et il était quand même le parrain de mon fils. Puisqu'il pensait que son histoire avec ma sœur touchait à sa fin, il devait garder la tête hors de l'eau. Au moins pour Cloé :

— Christophe, ressaisis-toi, lui ai-je dit, ta vie n'est pas terminée, tu as quarante ans, un bon métier, tu vas rencontrer quelqu'un d'autre ! Regarde, j'ai bien refait ma vie après une première expérience et je suis très heureuse aujourd'hui ! Des familles recomposées, il y en a plein, et tu verras souvent ta fille puisque vous vous partagerez la garde de Cloé. Il ne faut pas déprimer comme ça...

Mais il n'y avait pas moyen de lui faire entendre raison, il pleurait dans le combiné :

— Non, non, ma vie est fichue ! Je vais me foutre en l'air ! Je vais cramer l'appartement, comme ça Ghylaine, elle sera tranquille !

Il savait bien que si Ghylaine tardait à le quitter, c'était aussi à cause du crédit de l'appartement. En fait, je crois que cette situation l'oppressait, elle était complètement perdue. « Cramer l'appartement... », avait-il dit... Si, pour lui, y mettre le feu était une « solution », il ne pouvait y songer sérieusement sans mettre en péril la vie des autres résidents. En y repensant, ces mots me terrifient : leur violence nous disait déjà de quoi il était capable.

Christophe venait de nous annoncer le drame à venir, à la différence que c'est à ma sœur qu'il a mis le feu en premier, l'incendie s'étant déclaré ensuite. Mais je n'y ai pas cru, pensant qu'il était sous le coup de la colère, du désespoir. Ses mots rageurs avaient dépassé sa pensée, forcément.

Ce que j'ignorais, c'est que le scénario se précisait dans sa tête. Nous ne saurons jamais à quel moment il a décidé de verrouiller la porte d'entrée de l'appartement pour enfermer sa femme et sa fille et passer à l'acte ; ni depuis quand il avait acheté l'essence pour tuer ma sœur d'une manière aussi ignoble. Quoi qu'il en soit, ce n'était pas un accès de folie, il a bien préparé son coup. La fureur est montée peu à peu à partir du jour où il a appris que sa compagne aimait ailleurs. Il ne l'acceptait pas, il ne l'accepterait jamais !

Quand j'ai parlé à ma sœur au téléphone, je ne lui ai pas rapporté les menaces de Christophe. J'ai pensé qu'il ne servait à rien de l'affoler. En revanche, je lui ai demandé d'accélérer sa décision : « Plus tu attends, plus ce sera difficile de partir et ta vie avec Christophe va devenir un enfer. Ne laisse pas traîner les choses, il faut te décider. Maintenant... »

5.

Vendredi 22 septembre 2017

La résidence du 59, rue du Progrès au Plessis-Robinson est des plus tranquilles ce jour-là et la soirée a commencé calmement au domicile de Ghylaine et Christophe.

Comme souvent, ce dernier est allé chercher ma sœur à la sortie de la boulangerie, vers 21 heures. Depuis qu'il a été informé de l'existence d'Éric, il s'y rend tous les jours pour être sûr qu'il ne l'attende pas. Les autres soirs de la semaine, Cloé est déjà couchée et elle reste seule dans son lit à les attendre. Là, elle l'a accompagné et ils sont revenus tous les trois à la maison pour dîner.

Le couple s'est assis dans le salon, ils ont bu un apéritif et ont parlé ensemble comme tous les soirs depuis deux semaines. Parler encore, parler une fois de plus, même si le sujet demeure le même : la séparation demandée par Ghylaine et que Christophe refuse de toutes ses forces. Tout a été dit mais les mots se cognent à son cerveau : elle a beau lui expliquer, il ne veut rien savoir, il ne se fait pas à l'idée qu'elle veuille le quitter.

Cloé est dans sa chambre, en pyjama, attendant que ses parents finissent l'apéritif pour qu'ils dînent tous les trois. Il commence à se faire tard pour la petite qui doit avoir faim. J'imagine que, de temps à autre, elle passe la tête dans le salon pour voir où ils en sont, d'autant que le ton monte entre ses parents. Depuis quelques minutes, la conversation a viré en dispute.

Quand Ghylaine se lève brusquement, sans doute parce qu'il n'y a plus rien à ajouter et qu'elle lance : « Je pars avec Cloé », Christophe voit rouge. Ma sœur a le temps de mettre quelques affaires à elle et à la petite dans une valise, mais lorsqu'il comprend qu'elle part vraiment, tout bascule.

La colère qui montait depuis des jours et des nuits a jailli comme la lave d'un volcan. Il se jette sur ma sœur, ses poings massacrent son visage, ses pieds écrasent son corps. Sourd aux cris puis aux gémissements de Ghylaine, sourd à Cloé qui a accouru et tente de s'interposer en hurlant : « Arrête, papa ! Laisse maman tranquille ! », il tend la main vers une bouteille d'essence préparée pour tuer.

Plus tard, Cloé dira que sa maman lui a crié d'aller dans sa chambre, ne voulant pas qu'elle assiste à la scène, mais la petite a eu le temps de voir son père attraper une bouteille « remplie d'un gaz jaune », selon ses mots, et asperger sa mère à plusieurs reprises. Elle ne l'a pas vu prendre un briquet et y mettre le feu.

Lorsque des flammes ont commencé à pénétrer dans sa chambre, elle a eu la présence d'esprit d'ouvrir la fenêtre et de crier « Au feu ! Appelez les pompiers ! »

Sans attendre les secours, des voisins sont intervenus en défonçant la porte fermée à clé. Par bonheur, Cloé s'était placée juste derrière et on a pu l'extraire de la fournaise.

Quand les secours sont arrivés, ils se sont précipités vers Ghylaine allongée sur le sol, encore consciente :

— Je suis vivante, je suis vivante ! a-t-elle crié.

Christophe lui-même était gravement brûlé : l'essence avait giclé sur lui en enflammant le bas de son corps. Les pompiers l'ont évacué en premier. Il s'était réfugié sur le balcon. Plus tard, il dira qu'il voulait sauter pour se suicider – thèse que l'instruction judiciaire démontera.

Ensuite les pompiers ont emmené ma sœur, sa peau étant trop brûlée ils ne pouvaient pas l'allonger sur un brancard, ils l'ont alors portée comme ils pouvaient pour descendre les quatre étages.

La suite, on la connaît.

Aziz, un jeune homme, résident de l'immeuble, qui a vu sortir ma sœur à ce moment-là a dit qu'il ne pouvait pas décrire l'état de son corps. Une vision qu'il ne pourra jamais oublier, incapable de la nommer, ne trouvant pas les mots. C'est indicible.

Interrogés par la police, des voisins ont raconté avoir entendu ma sœur hurler pendant un quart d'heure, mais ils n'ont pas bougé pour autant.

— Pourquoi n'êtes-vous pas intervenus ? leur a-t-on demandé.

— On avait peur…

Cette inaction me rend folle.

Bien sûr qu'on ne leur demandait pas d'intervenir personnellement, mais pourquoi ne pas avoir appelé la police ? Quinze minutes de cris, c'est interminable, sans compter les pleurs de ma nièce... Comment ont-ils pu rester chez eux, sans rien faire et n'appeler les pompiers que parce qu'ils ont vu de la fumée sortir des fenêtres de l'appartement ! Fallait-il qu'ils soient eux-mêmes en danger pour prévenir les secours ? Et que fait-on de la non-assistance à personne en danger ? Je ne comprends pas. Cette lâcheté, cette indifférence me sont intolérables.

6.

L'adieu à Ghylaine

Après la mort de sa mère, Cloé a reporté son inquiétude sur son père. Toujours hospitalisé, il était gravement atteint et son pronostic vital engagé. Malgré ce qui s'était passé, l'idée qu'il meure la terrorisait :

— Je ne veux pas être orpheline… répétait-elle.

Quand son état a commencé à s'améliorer, elle a cessé peu à peu de parler de lui. En revanche, elle est devenue moins silencieuse concernant le soir du drame en livrant de temps à autre des petites informations. Elle en parlait tout d'un coup, sans même que je l'interroge à ce sujet, comme si elle avait des flashs :

— Il a jeté le « gaz jaune » sur maman, comme ça ! comme ça !

Et elle mimait les gestes à plusieurs reprises de quelqu'un qui asperge violemment.

— J'ai dit à maman d'aller prendre une douche pour enlever tout ce liquide sur elle, elle a voulu se lever mais elle a glissé et elle est tombée…

Elle m'a tout raconté, les cris qu'elle entendait de sa chambre, les hurlements de son père, les coups, la chute de sa mère sur le sol…

Ensuite, elle s'est tue, elle n'a plus attendu que le procès.

Avant le procès, nous devions enterrer Ghylaine et, à l'approche de la cérémonie, je m'inquiétais pour ma nièce : je comptais la protéger autant que je le pouvais de tout ce qui risquait de la perturber, en particulier de la famille de son père et de l'éventuelle tentation de « refaire l'histoire » à leur manière. J'avais de bonnes raisons de me montrer vigilante ! La réflexion de la mère de Christophe saignait encore dans ma mémoire…

Quelques jours après la mort de Ghylaine, Anthony et moi étions allés à l'hôpital voir Cloé. Elle était en salle de jeux et nous avions croisé les parents de Christophe avec leur autre fils. Ils m'avaient questionnée sur l'état de santé de ma nièce et, à un moment, je ne sais plus qui avait évoqué le geste fatal, l'essence sur ma sœur, l'incendie… Brusquement, la mère de Christophe m'avait regardée d'un œil interrogateur :

— Elle a dû le pousser sacrément loin pour qu'il en arrive là…

J'ai fermé les yeux comme si je venais de recevoir une gifle. Tout de suite son fils est intervenu :

— Non, maman, tu ne peux pas dire ça, voyons…

C'était trop tard. J'aurais voulu ne jamais entendre cette phrase terrible, inaudible pour moi à ce moment-là, inacceptable quoi qu'il en soit. Je comprends qu'une mère veuille défendre son fils, mais quand il a commis l'irréparable, mieux vaut qu'elle se taise ! Tout plutôt que ces mots odieux, insidieux, qui accusaient ma sœur sans rien savoir de ce qui s'était passé. Une réflexion que je n'oublierai jamais.

Les parents, les frères de Christophe nous ont demandé l'autorisation d'assister à la cérémonie. S'il n'avait tenu qu'à moi, j'aurais refusé mais j'ai accepté pour ma nièce. Au préalable, j'avais bien précisé les conditions de leur présence : n'entendre aucune réflexion de leur part concernant Ghylaine dont ils n'avaient jamais apprécié la forte personnalité. S'ils voulaient venir, d'accord, mais ils devaient faire profil bas.

La journée s'est passée dans la tristesse que l'on imagine. J'ai ravalé ma rancœur, ne voulant pas créer d'esclandre pour ma nièce, mais la présence des parents du meurtrier de ma sœur m'a été très pénible.

Mon frère David était particulièrement affecté. D'une part, il perdait une sœur chérie et, de plus, il s'est senti trahi par Christophe dont il était extrêmement proche. Les deux se voyaient très souvent, allaient à la pêche ensemble, ils s'entendaient bien… Cette double blessure l'a meurtri comme personne.

L'hôpital a accordé à Cloé une permission de sortie pour assister à l'incinération de sa mère au Père-Lachaise. Plus que tout, je craignais ce moment et j'ai demandé à la psychologue de me « préparer le terrain » en parlant à Cloé avant que je vienne la chercher. Forcément, cette professionnelle allait trouver les mots mieux que moi. Quand je suis arrivée à l'hôpital, j'ai constaté que la psy n'avait pas évoqué le sujet de la crémation avec ma nièce et qu'elle risquait de mal réagir. Cloé était troublée qu'on « brûle » sa maman une seconde fois et je la comprenais tellement ! J'ai dû expliquer à ma nièce que c'était la volonté de Ghylaine, que nous en avions parlé, elle et moi, il y a longtemps et qu'on allait respecter son souhait. Là, Cloé a compris et s'est apaisée.

Toute la journée, elle a fait preuve d'un grand courage. Durant la cérémonie, elle est restée très digne, elle n'a pas dit un mot et elle n'a pas pleuré. Elle était présente mais ses émotions étaient comme anesthésiées. Mon compagnon a dit quelques mots pour Ghylaine et, de mon côté, j'ai lu un poème que j'avais écrit pour elle.

Quelques mois plus tard, nous sommes allés tous ensemble à la campagne pour déposer les cendres de Ghylaine auprès de celles de mon père, dans un jardin du souvenir. L'endroit est très joli avec un petit banc pour se recueillir. Il faisait doux, la nature était belle, réconfortante. Lorsqu'elle a vidé l'urne, Cloé semblait sereine :

— Maintenant, maman n'est plus toute seule, elle est avec papy… m'a-t-elle dit.

Une page se tournait.

Ma nièce est restée trois semaines à l'hôpital. Elle aurait pu sortir avant mais, le temps que la juge des enfants décide à qui elle la confierait, elle aurait dû être hébergée dans un foyer de l'Aide sociale à l'enfance. Pour éviter un traumatisme supplémentaire, l'hôpital a accepté de la garder quelques jours de plus.

Cloé se remettait peu à peu. J'allais la voir tous les jours et elle se confiait de plus en plus. Par chance, elle avait pour voisine une fillette de son âge avec qui elle jouait et parlait de tout autre chose. Aussi incroyable que cela puisse paraître, hormis un peu d'accompagnement au moment où elle a appris la mort de sa mère, durant les trois semaines qui ont suivi, Cloé n'a eu aucun soutien psychologique.

Avant d'officialiser ma demande d'accueillir Cloé sous mon toit, j'ai tenu à avoir l'assentiment de toute ma famille, que les choses soient claires et décidées de concert. Ensuite, la justice m'a entendue. Vu la promesse que j'avais faite à ma sœur sur son lit de mort, je n'imaginais pas qu'il puisse en être autrement.

Bien évidemment, j'ai posé la question à la principale intéressée :

— Cloé, es-tu d'accord pour venir vivre chez tonton et tata, avec Guillaume et Luca* ?

Elle a dit oui tout de suite. Mes fils étaient heureux de l'accueillir à la maison. Elle n'était pas une nouvelle petite sœur mais c'était plus qu'une simple cousine qui s'installait chez eux. Quant à Anthony, recevoir Cloé chez nous était de l'ordre de l'évidence. Lorsque je lui ai demandé ce qu'il en pensait, je connaissais déjà sa réponse.

La gravité des événements rendait à cette situation un caractère solennel et très émouvant. Bien qu'amputée d'une de ses membres, la famille se renforçait, se serrait les coudes et allait tout faire pour s'en sortir sans laisser qui que ce soit sur le bord de la route.

---

* Mes deux fils, à l'époque âgés respectivement de dix-neuf et huit ans.

7.

La solitude des familles

Les jours qui ont suivi le drame ont été épouvantables. Ma mère, mes frère et sœur et moi étions tous effondrés de chagrin, atterrés par l'horreur avec laquelle les choses s'étaient produites, et complètement livrés à nous-mêmes ! Le trou noir. Personne ne nous a appelés pour nous proposer un peu d'aide, de l'écoute, nous n'avons eu aucun suivi psychologique. Un désert institutionnel.

J'avais la sensation d'être en loques, perdue au milieu d'un champ dévasté.

Hormis la psychologue de l'hôpital qui est venue voir Cloé deux ou trois fois, ma nièce n'a reçu aucun soutien. Ce qu'elle vivait était épouvantable : en quelques minutes, elle avait tout perdu, sa mère assassinée, son père dont elle ne savait pas s'il survivrait à ses blessures, sa maison, ses affaires, ses vêtements, ses jouets... Tout son univers s'était écroulé, elle n'avait plus de repères. Si je n'avais pas pris la suite en charge, elle n'aurait vu aucun professionnel de santé, rien n'aurait été mis en place pour l'accompagner durablement.

Par bonheur, durant les trois semaines qu'elle a passées à l'hôpital dans l'attente de la décision de justice, nous pouvions la voir et ainsi passer du temps avec elle. La nuit, elle n'était jamais seule. Ensuite, c'est moi qui ai dû trouver le bon thérapeute et cela n'a pas été simple : l'un d'entre eux m'a répondu qu'il y aurait un an d'attente. Un an d'attente ! Malgré le traumatisme que la scène à laquelle ma nièce avait assisté risquait de lui occasionner* !

Moi-même, j'aurais eu besoin d'évacuer mes interrogations, toutes ces questions qui me tourmentaient. Il est atroce ce sentiment de culpabilité que l'on ressent après la mort d'un proche. Il m'a assaillie dès l'annonce de l'agression de ma sœur, dans le bureau de la police judiciaire. J'ai pensé immédiatement : « Il me l'a dit ! Il me l'a dit qu'il mettrait le feu à l'appartement ! » Durant les jours qui ont suivi la mort de ma sœur, ce sentiment est devenu si pénible à supporter que j'ai demandé à voir une psychologue. Je voulais savoir ce que je n'avais pas vu, ce que j'aurais dû voir et comprendre. Et ce que j'aurais dû faire.

La thérapeute m'a expliqué que ce n'était pas de ma faute, que si Ghylaine n'avait pas souhaité me dire, me montrer, je ne pouvais pas imaginer ce qu'elle vivait au quotidien dans son couple. La violence dans sa forme la

* 60 % des enfants témoins de violences conjugales développent un syndrome de stress post-traumatique. La proportion passe à 100 % en cas de féminicide, Liberation.fr, tribune « Protégeons les orphelins de féminicides ! » de Patrice Anato, 17 juillet 2021.

plus sauvage n'appartenant pas à mon paysage mental, comment pouvais-je me douter qu'elle traverserait celui de son compagnon ?

— Sandrine, il n'y a qu'un seul coupable dans ce drame et il est en prison, m'a dit la psy pour mettre un terme à toutes mes interrogations.

Je le savais, mais c'était important de l'entendre de la bouche d'un professionnel et ça m'a fait du bien. Avec ma psychiatre, j'ai beaucoup travaillé sur cette question de culpabilité. Intérieurement, je savais que ce questionnement ne ferait pas revenir Ghylaine et c'était peut-être cela le plus dur à admettre. Il était trop tard, c'était fini, ma petite sœur nous avait été arrachée à jamais et il ne nous restait que notre chagrin et nos larmes... Ces mots-là, j'ai encore du mal à les dire et à les écrire, « arrachée » et « à jamais »...

C'est précisément au moment où nous étions choqués, affaiblis, anéantis, qu'il a fallu s'occuper de toutes les formalités inhérentes à ce genre d'événement. J'ai découvert à ma grande surprise qu'il existait un certain nombre de mesures pour venir en aide aux familles de victimes d'actes de terrorisme, d'attentat ou de guerre, mais rien concernant les familles de féminicide ! À défaut d'être confiés à leurs familles (ce qui, selon le contexte, n'est pas toujours souhaitable) les enfants qui perdent le même jour père et mère sont remis à l'Aide sociale à l'enfance dont on connaît les limites, les défauts de formation sur les violences intrafamiliales et le psychotraumatisme, sans parler du manque de financements. Ils sont laissés sur le bord de la route. Et je ne parle pas des jeunes majeurs qui, faute de moyens, doivent souvent abandonner les études en cours. J'ai appris qu'une jeune femme, après le meurtre de sa mère par son père, a dû attendre d'avoir son premier travail pour se payer un soutien psychologique. Ce n'est pas normal d'être ainsi délaissée !

J'aurais eu besoin que l'on m'adresse le nom d'une association, que l'on m'indique vers qui me tourner pour savoir ce qui se passerait « après ». D'être aidée psychologiquement mais aussi matériellement, juridiquement. Par exemple, personne ne m'a dit ce qui se passerait pour Cloé qui se retrouvait seule à présent...

J'ai eu la sensation qu'on m'infligeait une double, une triple peine. L'impression d'avoir devant moi une énorme montagne à gravir sans savoir par quel côté la prendre. Après le choc et la douleur immense, il me fallait tout gérer, tout assumer, des choses les plus importantes aux plus triviales, après la famille, l'annonce de la terrible nouvelle aux amis de Ghylaine, les funérailles de ma sœur, l'ensemble des démarches administratives, la banque, les assurances...

À commencer par le nettoyage de l'appartement où Ghylaine avait été assassinée. C'était à nous de le faire ! Comment était-ce possible ? Il a fallu que je vive ce drame pour apprendre que, dans notre pays, le nettoyage des scènes de crimes est à la charge des familles de victimes !

Alors que nous étions face à une situation extrêmement douloureuse, nous avons été confrontés à l'absurde, au surréaliste. À l'horreur aussi. Quand j'ai appelé l'assurance de Ghylaine pour que ces frais de nettoyage soient pris en charge, on m'a répondu que ce n'était pas possible puisque Christophe était également l'assuré. L'incendie étant volontaire, il ne fallait pas compter sur un remboursement. Oui, sauf que ma sœur n'a jamais voulu, elle, mettre le feu à l'appartement !

Les discussions s'éternisaient, et l'appartement de la rue du Progrès restait en l'état avec les traces de feu sur le sol et de suie sur les murs... Aujourd'hui encore, quatre années après le drame, aucun nettoyage n'a été effectué, l'appartement est fermé, personne n'y a accès, Christophe en étant toujours propriétaire pour moitié.

Quinze jours après la mort de ma sœur, la police m'appelle pour me prévenir de leur visite dans l'appartement et me propose de les accompagner. J'ai pu y pénétrer afin de récupérer la carte d'identité et le carnet de santé de Cloé. J'appréhendais tant d'y entrer ! Je ne pouvais pas y aller seule. J'ai donc demandé à ma meilleure amie, Stéphanie, de venir me soutenir dans cette épreuve. L'appartement était froid comme tous les lieux inhabités, il sentait la suie... Je n'y suis restée que quelques minutes, obligée d'aller dans le salon, d'enjamber les restes du canapé et de passer à l'endroit même où ma sœur avait été immolée par le feu. Ce court instant a été insoutenable. Je me suis sentie oppressée et choquée, prenant une nouvelle mesure de l'intensité du drame. Puis les policiers ont remis les scellés. Un an et demi après j'y suis revenue pour prendre quelques souvenirs auxquels ma nièce tenait, son doudou, sa tirelire, deux ou trois jouets et quelques objets personnels de Ghylaine qui n'avaient pas fondu. Dans sa chambre, j'ai vu la valise qu'elle avait préparée pour partir, les vêtements encore en pile sur le lit. J'ai reconnu les habits qu'elle portait le plus souvent. Mon cœur s'est serré. Sa vie s'était arrêtée là...

Quand j'ai refermé la porte en sachant que je n'y reviendrais plus, j'ai repensé au nom que Ghylaine donnait à cet endroit : « l'appartement du diable ». C'est Christophe qui avait insisté pour qu'ils l'achètent parce qu'ils étaient fumeurs et qu'il y avait un grand balcon. Elle, elle le détestait.

La mort de ma sœur a entraîné des situations inédites et nous a mis face à des termes auxquels nous n'avions jamais été confrontés auparavant : pourquoi devions-nous être entendus par des enquêteurs et un juge d'instruction ? Pourquoi fallait-il prendre un avocat alors que nous n'étions coupables de rien ? Qui contacter et comment le choisir ? Se porter partie civile ? Qu'est-ce que cela signifiait ? Pour quoi faire ? Et combien cela allait-il nous coûter ?

La première avocate que j'ai trouvée dans l'annuaire de ma ville ne m'a jamais répondu. Avec la deuxième, la discussion a été surréaliste. Après avoir entendu de ma bouche le récit du drame, elle m'a fait cette remarque étrange :

— N'attendez pas une peine exceptionnelle...

Je n'en revenais pas :

— Mais... vous n'avez même pas vu le dossier ! ai-je dit.

Elle ne me semblait pas très combative ! J'ai donc appelé quelqu'un d'autre, un homme cette fois, Me Arakelian, dont l'écoute bienveillante et le professionnalisme ont dépassé mes espérances. Dans son bureau, il m'a expliqué toute la procédure et m'a informée qu'étant victime, je pouvais bénéficier de l'aide juridictionnelle. Il suffisait de lui faire parvenir quelques documents et il s'occupait de tout. « Ne vous inquiétez pas, je gère ! » m'a-t-il dit avec un grand sourire quand je me suis levée pour sortir.

Quel soulagement ! Un poids énorme venait de quitter ma tête et mes épaules : je pouvais être tranquille, mon dossier était entre de bonnes mains. Dans ces moments très pénibles, ce genre de personne et cette aide valent de l'or.

Pour les obsèques de ma sœur, j'ai découvert l'aberration du fonctionnement des assurances : quand j'ai appelé sa mutuelle – qu'elle avait en commun avec son conjoint – pour qu'elle couvre les frais comme il était rédigé sur le contrat, on m'a demandé de les avancer en me précisant que le « titulaire du contrat » serait remboursé par la suite… J'ai cru mal comprendre !

— Vous voulez dire que c'est le compagnon de ma sœur qui va être remboursé d'une somme qu'il n'a pas versée ?

— Oui… s'il s'agit de l'assuré, c'est lui qui touchera le remboursement.

— Attendez… Il a tué ma sœur et il va recevoir de l'argent ! Mais on marche sur la tête ! C'est absurde !

Absurde, odieux, l'employée en convenait volontiers mais c'était ainsi. La mutuelle n'a pas voulu considérer le côté tout à fait exceptionnel de la situation. Nous étions des numéros et traités comme tels. Inutile de dire que j'ai laissé tomber le remboursement et que notre famille a payé la totalité des obsèques.

J'ai ressenti une solitude que je n'avais jamais éprouvée avant, la sensation de ne pas être considérée, que notre souffrance n'était pas prise en compte, qu'on nous oubliait.

Ma mère a mis un an et demi avant de consulter un psychiatre. Elle souffrait mais pensait naïvement s'en sortir seule. « Voir un psy ? Mais à quoi ça va servir ? » m'avait-elle dit. Elle ne voyait pas ce qu'elle pourrait lui raconter… Jusque-là, maman n'avait jamais fait appel à un médecin pour qu'il s'occupe de son état psychologique, de son moral. « Il faut se faire aider, c'est trop dur… » lui ai-je expliqué. Elle était très abattue, déprimée dès que l'on évoquait ma sœur disparue. Lorsque je lui ai dit que je m'inquiétais pour elle, elle a accepté. Je pense que les séances lui ont fait du bien et qu'en répondant à ses questions le thérapeute lui a apporté un peu de sérénité et de force. Mais elle reste très vulnérable et les larmes suivent souvent les rires. De la même façon, Nadège a vu un médecin durant quelques mois. Quant à mon frère David, ainsi qu'il me l'a dit, il n'a pas eu envie de se confier à quelqu'un qu'il ne connaissait pas.

8.

Le procès

Le procès de Christophe a eu lieu à la cour d'assises de Nanterre dans les Hauts-de-Seine. Il s'est étalé sur cinq jours, du 9 au 15 janvier 2020, l'instruction ayant duré deux ans et quatre mois. Un temps qui nous a semblé interminable. Même Cloé s'en est étonnée :

— Mais, tata, pourquoi c'est si long ?

— Tu sais, les experts sont venus à l'appartement, ils devaient comprendre ce qui s'est passé exactement…

— Mais… ils n'avaient qu'à me demander directement : je sais, j'ai tout vu !

— Si c'était si simple, ma chérie…

Avant le début du procès, j'ai tout fait pour que l'on sache ce qui était arrivé à Ghylaine. J'ai parlé d'elle aux médias, je ne voulais pas qu'il se déroule en catimini et que ma sœur soit oubliée dès que la sentence serait tombée.

Comme on le sait, chacun peut assister à un procès d'assises si l'audience n'est pas à huis clos. Au mois de novembre 2019, je me suis donc rendue à Reims où un homme allait être jugé pour avoir poignardé sa compagne à mort. Je voulais voir à quoi ressemblait un jury, comment s'exprimaient les témoins appelés à la barre, où je serais assise par rapport à l'accusé, quand intervenaient les experts... Bref, connaître le déroulement d'une audience et m'imprégner de cette atmosphère si particulière pour être « préparée » avant le procès de l'assassin de ma sœur.

J'ai bien fait car, lors de ce procès, certaines choses m'ont beaucoup choquée. À commencer par le verdict : le juge n'a pas assorti de période de sûreté à la peine alors que les experts sont venus à la barre expliquer que, lorsque l'assassin sortirait et s'il se retrouvait dans ce genre de situation, il risquait de recommencer ! Parlant de sa compagne, ce dernier avait tenu des propos glaçants : « Elle était à moi et à personne d'autre. »

À la fin du procès qui avait duré trois jours, j'ai assisté à une scène que je n'ai jamais pu oublier. La mère de l'assassin s'est approchée de celle de la victime et lui a dit :

— Vous savez, c'est dur pour nous aussi, hein...

— Peut-être, mais votre fils est toujours en vie, lui, vous pouvez aller le voir. Au parloir, certes, mais vous pouvez être près de lui... a répondu la seconde.

— ... mais, il vous en reste encore deux autres des filles ! a répliqué la première.

J'étais abasourdie. En me levant pour quitter la salle, j'ai entendu la réponse de la mère de la victime :

— Oui, mais moi j'avais trois filles. Trois.

Il y avait pas mal de monde dans la salle d'audience de Nanterre pour le procès de Ghylaine. Comme je viens de le préciser, chacun peut assister à un procès d'assises s'il n'est pas à huis clos. Quand je suis arrivée, je suis tout de suite allée m'asseoir avec Anthony derrière notre avocat et celui de Cloé. Je me trouvais juste en face du box de l'accusé et de ses avocats. Ma mère, Nadège, David et nos amis étaient assis au premier rang dans le public. Connaissant le ressentiment que David portait à Christophe, j'avais demandé à un de ses meilleurs amis de l'accompagner au cas où mon frère ne parviendrait pas à contenir son émotion, son énervement. Guillaume, mon fils aîné, n'a pas voulu venir pour ne pas se retrouver face à l'assassin de sa tante et croiser son regard. Il était tellement triste et hors de lui ! À certains moments du procès, j'ai été heureuse qu'il ne soit pas là... Sa colère était telle qu'il aurait pu se lever et l'insulter.

J'avais bien recommandé à ma famille de garder son calme et d'être digne. Avant le procès, je leur avais dit de ne rien attendre de l'accusé, il ne fallait pas se faire d'illusions : il ne reconnaîtrait jamais les faits. S'il changeait d'axe de défense et se montrait responsable de ses actes, tant mieux, mais nous ne devions pas rêver : il ne nous donnerait rien.

Mon avocat m'avait préparée au scénario : « L'accusé avance tant de versions différentes dans le dossier qu'il ne faut pas espérer de réponses satisfaisantes de sa part... »

Restait la vérité des experts et celle-là allait se montrer infaillible.

À ma gauche, le jury était composé d'un président, de deux assesseures et de neuf jurés : cinq hommes et quatre femmes.

De la famille de Christophe, personne n'est venu, excepté son frère aîné devenu son tuteur. Ses témoins, deux amis et sa visiteuse de prison, ne pouvant assister au procès jusqu'à ce qu'ils soient auditionnés, il n'y avait pas grand monde pour le soutenir.

Puis, l'assassin de ma sœur est entré dans la salle, encadré de deux policiers et il est allé s'asseoir dans le box, sur un banc de bois, derrière une vitre. Il se tenait un peu voûté, la tête rentrée dans ses épaules, ne regardant personne. Deux ans que je ne l'avais pas vu et il n'avait presque pas changé. Dominique, leur voisin du deuxième étage, qui était intervenu dans le sauvetage de Cloé s'est dit la même chose. Incroyable ! Brûlé à 70 % et il ne semblait pas en porter les séquelles. Extérieurement, en tout cas, on ne voyait rien. Cette vision m'avait mise en colère. Il s'en sortait tellement bien... lui !

Je sais que ma mère appréhendait de le revoir après plus de deux ans d'attente. La colère immense qu'elle avait contre lui n'était pas retombée, loin de là. « Il m'a tout pris... » dit-elle encore aujourd'hui. Finalement, elle n'a pas levé les yeux sur lui, elle n'y arrivait pas. Elle qui disait toujours que Christophe était un homme trop sérieux, qu'il la « glaçait » n'a pas voulu s'imposer le spectacle de son regard et de son air penaud. Tout ce qu'elle attendait, c'était la condamnation de l'assassin de sa fille et qu'il prenne le plus cher possible pour ce qu'il lui avait fait subir. Elle n'est pas méchante mais, là, elle ne pardonnait pas. Connaissant sa droiture, je sais qu'elle espérait beaucoup de la justice.

Un jour où le chagrin la submergeait, elle m'avait confié qu'après le procès elle pourrait partir en paix. Cette phrase m'avait effrayée, elle m'avait fait mal et je l'avais secouée. Si Ghylaine était morte, nous étions là, nous, bien vivants et nous avions besoin d'elle ! Sans parler de Cloé qui attendait beaucoup de nous tous. Il ne fallait pas qu'elle se laisse entraîner vers le fond et que la tristesse l'emporte. Nous devions faire bloc tous ensemble !

Le premier jour du procès, le tribunal a projeté des photos de l'appartement où le drame s'était produit. Le salon couvert de suie, entièrement calciné du sol au plafond, constellé de stalactites blanchâtres suspendues au-dessus de ce que je reconnaissais être le canapé et dont il ne subsistait que la structure métallique. Ici et là, la tapisserie brûlée et, bien sûr, le parquet sur lequel ma sœur était tombée et qui portait une trace noire.

Pour ma mère, c'en était trop. À la vue de ces images, elle s'est levée et s'est dirigée en tanguant vers la sortie. Elle n'a pas voulu non plus entendre le rapport d'autopsie – et je la comprends. C'était terriblement dur mais je devais être là, savoir ce qu'on avait fait à ma sœur. Je devais entendre la même chose que les hommes et femmes choisis pour être jurés, eux qui ne disposaient pas du dossier et qui jugeaient à l'aune de tout ce qui était dit durant le procès.

Il nous a fallu beaucoup de courage pour écouter le rapport d'expertises médicales concernant les coups reçus par ma sœur avant d'être brûlée. Les descriptions des experts sont cliniques, précises et il y a des mots qui vous transpercent. Ils vous trouent le cerveau pour toute la vie. Jamais je n'oublierai que le côté gauche de son visage était « enfoncé ». Jamais je n'oublierai que cet homme a piétiné son corps quand elle était à terre. Et je n'ose même pas penser aux brûlures qu'elle a endurées, à sa souffrance, elle qui est restée consciente jusqu'au bout.

À certains moments, j'observais les jurés et je pouvais voir ce qu'ils pensaient à leurs traits qui se crispaient, aux froncements de leurs sourcils... Les détails de l'autopsie, en particulier, ont été un moment insupportable pour nous et pourtant indispensable afin que l'on comprenne ce que ma sœur avait subi. Certains de ces détails étaient si choquants que deux femmes ont pleuré. Puis, indéniablement, le moment fort du procès a été la vidéo du témoignage de Cloé. Là, on aurait pu entendre une mouche voler.

Lors des premières journées, le tribunal a recueilli divers témoignages dont ceux de deux femmes, les locataires de l'appartement du dessous. Elles ont tout entendu, en particulier ma nièce qui hurlait, mais elles n'ont pas bougé. Je me souviens très bien de la raison invoquée par l'une d'elles :

— J'ai dit à ma sœur : il faut les laisser parce que c'est un couple et qu'on ne peut rien faire.

Elle a ajouté qu'elle entendait très nettement le bruit d'un corps qu'on traînait sur le sol... Mais ce n'est que lorsqu'elles ont senti l'odeur de brûlé qu'elles ont réagi.

J'ai dit ce que je pensais de ce comportement. Le jour où l'on comprendra que la souffrance des autres nous concerne et qu'on se mêle de ce qui nous regarde lorsqu'on porte secours à quelqu'un en difficulté, on aura fait un grand pas vers un peu plus d'humanité et de bienveillance. Ce dont la plupart des femmes victimes de violences conjugales manquent singulièrement, elles qu'on ne veut pas entendre ou qu'on écoute si mal.

En revanche, j'ai été heureuse de voir à la barre Dominique et les deux jeunes hommes qui ont sorti Cloé du brasier, ils ont spontanément accouru vers ma sœur, même s'ils n'ont rien pu faire pour elle.

Christophe qui dit adorer sa fille n'a pas fait un geste pour la protéger, la mettre à l'abri alors que le feu envahissait le salon puis sa chambre. Dans son hystérie meurtrière, il l'a oubliée. À moins qu'il ait eu envie de supprimer la mère et l'enfant… On peut se poser la question sachant qu'il n'a jamais déverrouillé la porte.

Si Aziz, âgé de seize ans à l'époque, et Killian, un de ses copains, n'étaient pas montés et n'avaient pas défoncé cette porte, sans doute aurait-elle péri asphyxiée ou brûlée. « Je n'ai pas pu contrôler le feu… » répétait Christophe comme une rengaine. C'est tout ce qu'il trouvait à dire. Comme si ce n'était pas de sa faute…

Aziz avait organisé une fête chez lui ce soir-là. Malgré les rires et la musique à fond, il a entendu un bruit étrange, comme le souffle d'une explosion. Ne voyant rien par la fenêtre, il ne s'est pas inquiété. Jusqu'à ce que Nathalie, la compagne de Dominique, et sa fille Lilia viennent frapper à sa porte en l'informant qu'au quatrième étage on entendait des cris et des bruits de bagarre. À ce moment-là, Dominique est arrivé en hurlant qu'il y avait le feu au dernier étage !

D'un seul mouvement, Aziz et Killian ont grimpé en courant au dernier étage de l'immeuble. Aziz a frappé à la porte à plusieurs reprises jusqu'à ce qu'une petite voix lui réponde : « Appelez les pompiers ! » Les deux garçons ont donné de grands coups de pied dans la porte en bois qui s'est éventrée dans le bas. Ils se sont baissés pour entrer et se sont cognés à Cloé qui était là, devant eux. Ma nièce expliquera plus tard que Ghylaine lui a crié de sortir de sa chambre et de se mettre dans l'entrée, au plus près de la porte. Jusqu'au bout, elle a essayé de sauver sa fille. Derrière ma nièce, on n'y voyait pas à un mètre tant la fumée était dense.

Après avoir déposé ma nièce au deuxième étage, Killian est remonté pour voir s'il y avait encore quelqu'un à secourir. La fumée, le feu qui avait envahi les lieux l'empêchaient d'aller plus loin que l'entrée. Debout, à la barre, face au juge, il a raconté l'odeur de brûlé dont sa mémoire est imprégnée, ainsi que les cris affreux de Ghylaine, ses hurlements : « J'ai mal, aidez-moi ! » Malheureusement, il n'a rien pu faire de plus. Ensuite les pompiers sont arrivés.

Killian a achevé son récit. Il est resté, là, ne sachant que faire.

— Vous avez été très courageux, sans vous Cloé serait sans doute morte... lui a dit l'assesseure assise à droite du président.

Elle n'a pas voulu le laisser repartir sans souligner sa bravoure et je suis heureuse que cette parole ait été prononcée devant toute l'assistance. Notre famille ne le remerciera jamais assez d'avoir sauvé notre petite Cloé. Du plus profond du cœur, merci Killian.

Quand Christophe a entendu les paroles de l'assesseure, il s'est redressé pour le remercier à son tour puis s'est mis à sangloter. Killian s'est tourné vers lui sans comprendre. Lui ne se trouvait pas si courageux que ça, il a juste pensé à sa petite sœur qui aurait pu être Cloé et il a fait ce que son instinct lui dictait sans réfléchir au danger. Il a regardé le juge puis Christophe :

— Je suis désolé pour beaucoup de monde, mais pour vous aussi.

Puis il est sorti. Avec son témoignage, l'émotion est montée d'un cran.

Dominique, qui était avec les deux adolescents, témoigne de ce qu'il a vu en entrant dans l'appartement : des flammes, une fumée à couper au couteau et, un peu plus loin, le corps calciné de ma sœur encore consciente sur le sol et qui criait contre Christophe. La chaleur y était épouvantable, insupportable : « Comme quand on ouvre la porte d'un four mais en bien pire » explique-t-il. Il a dû s'enrouler le visage dans un T-shirt mouillé pour progresser dans l'appartement.

Pendant ce temps, Killian et un autre voisin se sont munis de récipients et ont jeté de l'eau, ici et là, comme ils pouvaient, pour tenter d'éteindre les flammes.

Brusquement, une ombre est passée près de Dominique :

— Faut jeter plus d'eau… Faut jeter plus d'eau, a dit une voix.

Une voix… Dominique l'a entendue sans voir qui lui parlait tant la fumée était dense du sol au plafond.

« Christophe, sans doute… » s'est-il dit sans certitude puisqu'il ne l'a pas revu par la suite. Je suppose que c'est à ce moment-là que Christophe s'est réfugié sur le balcon…

La voix de Dominique a tremblé au moment où les images de ma sœur allongée par terre lui sont revenues en mémoire. Il n'était pas possible de la relever, de la porter, elle était brûlante avec un pied qui se consumait… Lui non plus n'est pas allé plus loin dans la description. J'ai mesuré combien il avait dû être choqué, combien il restait fragile deux ans après. Je sais qu'il habite toujours l'immeuble et qu'il n'est jamais remonté au dernier étage où s'est produit le drame.

C'est sa femme Nathalie qui a recueilli Cloé chez eux quand Killian l'a descendue du quatrième. Leur fille Lilia, qui n'avait que douze ans à l'époque, a emmené ma nièce dans sa chambre et l'a réconfortée comme elle pouvait. Cloé s'était plainte d'être brûlée au pouce. Elle racontera que son père était entré dans sa chambre sans se rendre compte que ses propres vêtements étaient en train de brûler – l'ouverture de la fenêtre avait provoqué un retour de flammes et il avait pris feu. En le voyant, Cloé s'était collée contre un mur et avait crié :

— Papa, t'approche pas, t'as du feu sur toi !

Ensuite le tapis de sa chambre s'était embrasé, faisant fondre des petits jouets Playmobil en plastique.

C'est peut-être là que Cloé s'est brûlé le doigt. Le feu est allé si vite !

Dans les bras de Lilia, Cloé s'inquiétait, demandant des nouvelles de sa mère :

— J'ai peur qu'elle meure... Est-ce que maman va mourir ?

En état de choc, elle répétait sans cesse ces phrases.

Pour plus de sécurité, Nathalie a fini par emmener les fillettes et ses animaux de compagnie à l'extérieur, à l'abri, dans une voiture. Elle craignait que le gaz entre en contact avec les flammes et que l'immeuble explose...

Au fil des minutes, tous les habitants se sont retrouvés au pied de l'immeuble et Killian est sorti à son tour. Quand elle l'a aperçu, Cloé s'est précipitée dans ses bras. Elle ne voulait plus lâcher son sauveteur.

Ce soir-là, Éric, le jeune homme pour qui Ghylaine avait voulu quitter son conjoint, était présent, lui aussi. Dans la journée, ma sœur lui avait envoyé des messages dans lesquels elle exprimait son inquiétude concernant Christophe. Éric, selon ses dires, avait senti que quelque chose se tramait et, mû par un mauvais pressentiment, était arrivé en bas de l'immeuble en même temps que les pompiers.

Son témoignage au procès a été capital. Je ne l'avais jamais vu auparavant et j'avoue que son attitude m'a rendue triste pour ma sœur. Il n'a pas eu un mot gentil la concernant, aucune compassion sur les circonstances de sa mort. Ils se fréquentaient pourtant depuis plusieurs mois ! Lorsque le juge l'a interrogé sur leur relation, il a répondu que « c'était surtout physique » pour lui, il voulait s'amuser. De ce qu'il montrait, il ne semblait pas très amoureux.

Pourtant Ghylaine me l'avait dépeint comme un homme mûr pour son âge, avec qui elle aurait pu former un couple. D'ailleurs, ne lui avait-il pas proposé de venir s'installer chez lui avec Cloé ?

Le juge a voulu en savoir un peu plus sur ses intentions :

— Est-ce que vous auriez pu vivre ensemble, avec Ghylaine ? a-t-il questionné.

— Oui, cela aurait pu se faire… a répondu Éric.

Puis, il a ajouté qu'il avait essayé d'interrompre leur relation à plusieurs reprises sans parvenir à la quitter vraiment. Bref, il disait une chose et son contraire. Tout cela n'était pas très cohérent.

J'étais surprise de l'entendre parler ainsi : j'avais su par ma sœur qu'il avait eu à son égard de jolies attentions, il lui avait offert des cadeaux, or là il reniait tout, la traitant avec une légèreté insupportable considérant la gravité des événements. Il réécrivait l'histoire. De peur qu'on lui reproche quelque chose ? Par lâcheté ? Quoi qu'il en soit ses mots m'ont fait beaucoup de chagrin pour Ghylaine qui s'était méprise sur les intentions de cet homme. Elle semblait si confiante lorsqu'elle me parlait de lui ! Comment a-t-elle pu se tromper à ce point ?

À la barre, Christophe est toujours resté sur le même axe de défense : pour lui, c'était un accident. Tout au long du procès, il a dit et répété qu'il ne voulait pas tuer sa compagne, qu'il s'agissait d'un « événement indésirable, dramatique » :

— J'ai voulu lui faire peur… a-t-il avoué à un moment.

En réalité, sa version a varié à plusieurs reprises. Il a prétendu avoir versé l'essence sur le canapé afin de se suicider par la suite en se jetant dans les flammes :

— J'ai tenté de me tuer et c'est tombé sur Ghylaine qui ne s'en est pas sortie, a-t-il murmuré ensuite.

Le président était tellement sidéré de cette version qu'il l'a répétée mot à mot pour s'assurer de bien comprendre. À un autre moment, l'accusé a dit avoir fait couler de l'essence « à côté » de Ghylaine, c'est-à-dire sans vouloir la viser. Or, l'expert qui a analysé ce qui restait du soutien-gorge de ma sœur a constaté qu'il était trempé, totalement imbibé d'essence. Ce qui induit que Christophe a menti : il n'a pas jeté le produit ici et là mais directement sur elle, en grosses rasades.

Cela changeait tout : il ne s'agissait pas d'un « malheureux accident » comme il tentait de le faire croire mais d'un meurtre. À court d'idées, il a même prétendu que ma sœur avait voulu se relever et que c'est en retombant par terre qu'elle avait trempé ses sous-vêtements. C'est fou comme la peur des responsabilités donne de l'imagination !

Bref, il s'est enferré dans un déni qui l'a passablement desservi. Ou bien il s'est tu. À un moment, énervé, le juge l'a un peu bousculé :

— Vous savez, monsieur J., vous n'aurez qu'une seule occasion de vous expliquer ! C'est le moment, c'est maintenant !

Rien à faire, l'accusé est resté dans son mutisme et répétait – pour s'en convaincre ? – qu'il voulait juste faire peur à ma sœur, qu'il ne voulait pas lui faire de mal. « Je n'ai pas pu contrôler le feu... » ressassait-il comme si cela pouvait excuser son acte. Il disait aussi qu'il n'était plus lui-même après quinze jours d'insomnie... On a tout entendu mais, jamais, durant une semaine entière, il n'a reconnu les faits.

En revanche, il a pleuré, il s'est apitoyé. Sur qui ? Personne ne peut le dire. La plupart du temps, il a gardé la tête baissée, recroquevillé sur lui-même. Ses seuls regards ont été pour son frère et ses avocats. Et il a demandé pardon.

Malheureusement pour Cloé, elle a vu une grande partie de l'agression de sa mère dont elle conservera en elle les images atroces. Son témoignage a été capital, elle a raconté « droit », sans fioritures, comme le font les enfants lorsqu'ils veulent se faire bien comprendre. Avec des gestes à elle, elle a montré aux policiers les mouvements de bras de son père :

— Papa, il a versé le « gaz jaune » sur maman et après maman est morte...

Elle a ajouté qu'ils ont continué, lui à la frapper, elle à tenter de se défendre alors que le feu dévorait déjà les vêtements de Ghylaine. Lui-même brûlait mais sa rage, sa violence aveugle le rendaient insensible.

Les paroles de Cloé ont levé toute ambiguïté s'il y en avait une... Comment aurait-elle pu oublier les mots de son père tandis que son bras s'abattait sur sa mère tombée au sol : « Je vais te tuer ! » hurlait-il. Cloé s'en souvenait parfaitement. Lui disait avoir oublié.

Quelles que soient les versions qu'il a proposées ce jour-là, Christophe ne savait plus comment l'essence s'était embrasée. Quand le président du tribunal lui a fait remarquer qu'on avait retrouvé un briquet sur le lieu du drame, Christophe a opiné du chef : « Si vous le dites... » a-t-il répondu, laconique.

Enfin, lorsqu'on lui a demandé ce que faisait dans son appartement une bouteille remplie d'essence, il a répondu qu'il en gardait en réserve pour son scooter en cas de pénurie de carburant dans les stations ! Or l'engin est garé à la cave. Dans ce cas, pourquoi conserver un produit aussi dangereux là où vit une fillette de sept ans, susceptible de l'absorber pensant qu'il s'agit d'un jus de fruit ? D'autant qu'il avait versé le liquide dans une bouteille d'eau minérale...

L'avocat qui défendait Christophe a eu fort à faire. Personnellement, j'avais beaucoup de mal à écouter ses arguments. « Monsieur J. n'est pas un monstre, a-t-il dit. C'est un acte fou, mais un homme normal. » Je n'ai pas compris pourquoi il jouait ainsi avec les mots. Pour lui trouver des circonstances atténuantes ? Le meurtrier de ma sœur n'était pas fou, on le savait très bien, c'est son acte qui était monstrueux, prémédité selon nous et devant être jugé comme tel.

« C'est un accident de la vie, catastrophique... » a commenté sa seconde avocate. « Accident »... Ce mot, je ne pouvais plus l'entendre. J'ai essayé de me raisonner en me disant qu'elle faisait son travail en défendant son client, quitte à nous faire « avaler » l'invraisemblable...

Le moment le plus dur pour notre famille a été lorsque les avocats ont essayé de salir la réputation de Ghylaine en prétendant qu'elle collectionnait les amants, que Christophe était inquiet pour sa fille, etc. Là, mon avocat a levé le ton : « Quand bien même elle en aurait eu un par jour, rien ne justifiait qu'on la fasse brûler vive ! »

« Quand bien même… », on est d'accord mais c'était surtout totalement faux. Ghylaine n'était pas une femme aux aventures multiples. Son seul tort est d'être tombée amoureuse ailleurs et d'avoir voulu refaire sa vie. Ce qui arrive à des milliers de femmes et d'hommes sans qu'ils y laissent leur vie.

Le premier jour de l'audience, Christophe a eu l'indécence de venir à la barre arborant un T-shirt avec le prénom de sa fille… J'étais écœurée, tellement triste pour elle. Heureusement que Cloé n'était pas là pour voir ce spectacle pathétique.

Il a même osé dire qu'il n'avait pas vu son enfant depuis huit cents jours et qu'il en souffrait beaucoup, sans réfléchir une seconde à ma mère, face à lui, qui, elle, ne reverrait jamais sa fille ! Il jouait les victimes, ne pensant qu'à lui, c'était révoltant et tellement révélateur du personnage. L'apitoiement devait être une stratégie de ses avocats car ils lui ont demandé de soulever son T-shirt pour montrer ses cicatrices. Là, on touchait le fond. J'ai eu envie de lui dire que, ces plaies, personne ne les lui avait faites que lui-même. Ce qui n'était pas le cas de Ghylaine…

À un moment, c'en était trop, j'ai dû sortir prendre l'air quelques minutes. Je n'en pouvais plus de l'entendre geindre en se tordant les mains et en se lamentant : « Je ne voulais pas… » « Elle me manque… » C'était insupportable.

Qu'il prenne exemple sur ma mère si digne face à lui !

Cloé n'était donc pas présente le jour du procès. Lorsqu'elle se trouvait encore à l'hôpital, elle a été auditionnée dans des conditions particulières*. On lui a épargné l'énorme tension de l'audience et, surtout, le face-à-face avec son père.

L'avocat de Cloé a demandé à la policière qui avait interrogé ma nièce à combien, sur une échelle de 1 à 10, elle estimait l'exactitude de son témoignage. Elle n'avait que sept ans à l'époque. « À 10... » lui a-t-elle répondu. Selon elle, un enfant ne pouvait pas inventer tous les détails qu'elle avait donnés si elle n'avait pas vu et entendu comme elle le disait.

Je sais que ma nièce attendait beaucoup du procès parce qu'elle avait donné sa version du drame et elle savait que son père mentait en ne reconnaissant pas les faits. Elle était très curieuse des réactions que susciterait le visionnage de sa vidéo pendant le procès. C'était important pour elle que l'on tienne compte de sa parole et que la lumière soit faite sur les événements de ce soir-là.

La réaction de Christophe a été simple : il n'a pas levé les yeux sur l'écran. Il a gardé le visage baissé, s'est pris

---

* Lors d'une audition dite « l'audition Mélanie » en référence à la première jeune victime qui a été auditionnée selon ce procédé dans les années 1990. Un espace est créé pour mettre en confiance l'enfant et que sa parole soit recueillie dans un endroit intimiste. Le matériel d'enregistrement est installé derrière une vitre sans tain « de manière que l'enfant n'ait à produire son récit qu'une seule fois, pour éviter le traumatisme d'avoir à le répéter à de multiples reprises ».

la tête dans les mains, s'essuyant les paupières de temps à autre. La question du président du tribunal l'a cueilli :

— Est-ce que votre fille ment, monsieur J. ?

— Sans doute que non…, a-t-il répondu après un temps.

Un « sans doute » que le jury a dû apprécier à sa juste valeur. Même si le meurtrier mettait la parole de Cloé en doute, les jurés, eux, l'avaient entendue.

Christophe a demandé pardon à notre famille mais, nous, nous étions là pour entendre la vérité sur les faits de cette soirée maudite. Et nous sommes repartis bredouilles. Alors que le témoignage de sa fille l'accusait directement, il a continué de mentir.

Ensuite, il est retombé dans le silence et la prostration. Une attitude qu'il a conservée tout au long de la semaine.

Durant ces cinq journées, j'ai eu l'impression d'être hors du temps, que rien n'existait à l'extérieur. Hormis ce qui se passait ici, rien n'avait d'importance. Au tribunal, les journées étaient longues, de 9 h 30 à 19 heures ou 20 heures. L'accusé, les experts, les témoins, la famille de la victime, le frère et des amis de l'assassin, chacun est passé à la barre répondre avec son cœur, ses doutes, ses espoirs, son désespoir. C'était dur, éprouvant. Il y a même eu une visiteuse de prison qui a affirmé que l'accusé était un très bon père et Ghylaine une femme autoritaire. Oser dire cela alors qu'elle n'avait jamais rencontré ma sœur ! Je suppose que le jury a fait la part des choses.

À l'issue de la dernière audience, le 15 janvier 2020, le jury est sorti pour délibérer. Accompagnée de ma famille et d'amis, je suis allée attendre dans une salle voisine. Nous nous sommes servi des cafés, des chocolats chauds. On avait fait tout ce qu'il y avait à faire, nous étions à bout d'émotions. Je sentais en moi comme le début de la délivrance. Enfin, on arrivait à la fin de ces épreuves ! J'ai un peu parlé avec mon avocat. Selon lui, le verdict allait être lourd pour l'accusé.

Désormais, la balle était dans le camp du jury.

Avant même que le procès ne commence, j'avais exprimé que, pour moi, la peine qui serait donnée à l'assassin de ma sœur n'était pas importante. Rien ne nous rendrait Ghylaine. Cet homme nous avait déjà condamnés à perpétuité. La seule chose qui m'importait, c'était le retrait de l'autorité parentale. Autant que faire se peut, je voulais que Cloé vive son enfance et son adolescence sans souffrances inutiles, sans perturbations vaines.

Le jury est revenu après trois heures de délibération. Tout le monde a repris sa place et le juge a condamné l'assassin de ma sœur à vingt ans de réclusion criminelle. Les réponses aux deux questions étaient on ne peut plus claires : oui, il avait voulu la mort de Ghylaine et, oui, il était coupable de l'avoir tuée. Les jurés n'ont pas cru à ses mensonges, à ses prétextes. Ils n'ont pas cru à l'accident après la tentative de suicide ratée... En revanche, le jury n'a pas retenu la préméditation.

Je suppose que Christophe s'attendait à cette décision car il a reçu le verdict sans ciller. Aucune réaction. Ses avocats avaient demandé l'indulgence de la cour – invoquant « un malheureux accident » –, tandis que l'avocat général n'imaginait pas une peine inférieure à vingt-cinq ans. Alors que le jury quittait le tribunal et que nous nous apprêtions à sortir, j'ai vu le condamné sourire et plaisanter avec son frère. Était-il soulagé d'avoir échappé à la perpétuité ? Je l'ignore. En tout cas, il n'a pas fait appel du jugement.

De notre côté, nous étions satisfaits du verdict. Justice avait été rendue.

Je n'en pouvais plus d'attendre le procès. J'avais l'impression d'être bloquée dans ce deuil et il fallait cette condamnation, non pas pour penser à autre chose, mais pour poursuivre notre chemin de deuil de manière plus apaisée. Avant le procès et durant toute l'instruction, chaque fois que je pensais à Ghylaine, le visage de Christophe se superposait au sien. À partir du moment où ma sœur a été désignée comme victime et, lui, reconnu coupable et lourdement condamné, leurs images se sont éloignées l'une de l'autre, comme une séparation définitive. J'ai eu la sensation que cet homme sortait de notre vie, de notre tête, de nos tristesses. J'allais enfin ne plus penser qu'à Ghylaine.

Il fallait ce procès et cette lourde peine pour nous permettre d'avancer. Je pensais à Cloé, évidemment, et c'était elle notre priorité, mais c'était valable pour toute notre famille, et notre mère en particulier que ces deux ans et demi d'attente ont beaucoup éprouvée. La justice a soldé les comptes. Nous avons fermé le livre.

Tout le temps où Christophe est resté en détention préventive, les nombreux mois qu'il a passés à l'hôpital avant que l'instruction soit terminée, Cloé ne parlait presque jamais de lui. En revanche, lorsque le procès a commencé, elle m'a demandé des nouvelles de son père chaque jour et pendant une semaine. Il avait bien récupéré de ses blessures, ce qui l'avait rassurée. En février 2018, il avait même demandé, par l'intermédiaire de son avocat, une liberté conditionnelle qui lui aurait permis, tout en restant à l'hôpital pour y être soigné, de recevoir davantage de visites, ce qui n'était pas le cas quand il était sous régime carcéral. Demande rejetée par le juge.

Cloé aimait ses parents autant l'un que l'autre et la violence de son père sur sa mère l'a énormément perturbée. D'autant qu'elle a essayé de l'arrêter sans y parvenir. Elle n'avait que sept ans à l'époque et cet événement a engendré des réflexions de toutes sortes y compris un très fort sentiment de culpabilité. Je le réaliserai plus tard en lisant une de ses lettres...

C'est moi qui lui ai annoncé la sentence des juges : vingt ans de prison. Je ne savais pas du tout comment elle allait réagir. Elle m'a écoutée et, très calmement, elle a levé les yeux vers moi :

— Ben ça les vaut, parce qu'il a tué ma mère...

Les habitants de son immeuble n'ont pas oublié les mots que Cloé, hébétée, répétait en boucle lorsqu'on l'a arrachée au feu : « Papa a voulu suicider maman... »

Cette fois, elle a formulé les choses différemment. Elle a grandi, le temps lui a appris le sens des mots.

À l'audience civile qui intervint immédiatement après le procès d'assises, les magistrats ont ordonné le retrait total de l'autorité parentale à Christophe. Là, il a accusé le coup. Cette mesure, il la redoutait, mais moi j'étais heureuse d'avoir été entendue.

Cette décision a été un énorme soulagement pour notre famille. J'imaginais mal Cloé contrainte de rendre visite à son père derrière les barreaux, tous les mois, pendant dix ans ; un père qui lui aurait raconté les choses « à sa manière », qui aurait pu salir Ghylaine aux yeux de sa fille et diminuer ainsi sa propre responsabilité dans la mort de sa mère m'était odieux. Là, tout risque venait d'être écarté. Il devait également verser des dommages et intérêts aux parties civiles, à savoir ma mère, mes frère et sœur, Cloé, Anthony, mes enfants et moi.

Même si les vingt ans ne sont pas incompressibles et que son père ne purgera sans doute que la moitié de sa peine, Cloé sera majeure lorsqu'il sera libéré et c'est tout ce qui m'importe. Elle sera en âge de penser par elle-même, de juger, de se défendre, de faire respecter ses choix. Elle sera libre de le revoir ou non. Je n'interviendrai en aucune façon. Ainsi que je lui ai dit, elle a le droit d'aimer son père et de détester le geste qu'il a commis, ce n'est pas incompatible...

*

Un an après le drame, Cloé a ressenti le besoin de partager ses émotions avec moi en me faisant lire une lettre qu'elle avait écrite. Cela m'a bouleversée parce que j'y ai vu sa tristesse infinie et les ravages que peut produire la culpabilité.

Maman, tu me manques. Est-ce que je te manque ? Tu as juste à répondre dans mes rêves. Mon plus gros cadeau d'anniversaire, ce serait que tu viennes me faire plein de câlins, plein de bisous et qu'ensuite, tu restes sur Terre. Moi, fille de meurtrier, j'ai fait de mon mieux pour que papa ne te tue pas, mais je n'y suis pas arrivée.

« Moi, fille de meurtrier... » Écrire cela à huit ans ! Ses mots m'ont heurtée, j'ai ressenti de la peine pour Cloé. Tout de suite, je lui ai dit qu'elle n'était responsable de rien, je lui ai répété à plusieurs reprises qu'elle était Cloé et qu'il ne fallait pas qu'elle se rattache de quelque manière que ce soit à l'acte terrible qu'avait commis son père. Elle ne devait pas se sentir salie par cette appellation infamante.

En grandissant, elle a compris que les enfants ne sont jamais pour quoi que ce soit dans la violence exercée par les adultes.

9.

Le Grenelle contre les violences conjugales

Après la mort de ma sœur, je n'ai pas tout de suite pensé à créer une association pour accompagner les familles de victimes de féminicide. J'ai découvert d'ailleurs qu'il n'en existait pas... J'ai commencé par me rapprocher du collectif militant appelé « Féminicides par compagnons ou ex », m'étant rendu compte qu'il avait publié un article sur ma sœur dans lequel figuraient des informations erronées.

Depuis la mort de Ghylaine, je surveille ce qu'on écrit sur elle dans la presse et sur les réseaux sociaux. Je pense à Cloé qui, en grandissant, sera amenée à lire certains de ces articles concernant le drame. J'ai découvert que ce collectif établissait chaque année le décompte des victimes, ce sinistre décompte « d'une femme tuée tous les deux jours et demi par son conjoint ou ex... ». Comme tout le monde, j'ai été abasourdie par ces chiffres.

Voyant que j'avais besoin d'informations sur le sujet et de partager également mon expérience, ce groupe m'a dirigée vers des familles de victimes de féminicide que j'ai rencontrées sur les réseaux sociaux, pour commencer.

En 2019, déplorant le manque de cohésion entre les différentes structures et autorités ayant à traiter des violences faites aux femmes, à savoir la police, la justice, les associations et les organisations de travailleurs sociaux, Marlène Schiappa, secrétaire d'État chargée de l'Égalité entre les femmes et les hommes, avait décidé d'organiser un Grenelle contre les violences conjugales. Un Grenelle qui devait durer plus de deux mois et se tenait dans toute la France afin de réunir les personnes concernées par cette problématique.

Le 3 septembre 2019, jour de l'ouverture, nous avons organisé une marche des familles en parallèle à la manifestation officielle. Pourquoi en parallèle ? Parce que, contrairement à ce qu'avait annoncé la ministre, à savoir que les familles des victimes de féminicide seraient présentes au Grenelle, celles-ci n'avaient finalement pas été conviées. Plutôt que de rester chacune dans notre coin à ruminer ou à crier notre colère, autant nous retrouver et manifester ensemble !

C'était la première fois que nous nous rencontrions « physiquement » et ce fut extrêmement émouvant. Nous mettions des visages sur des prénoms et des noms. Notre future association est née à ce moment-là, avec l'idée simple de réunir nos voix timides et dispersées en une voix forte avec laquelle, désormais, il allait falloir compter.

Nous avons donc marché du quai de Grenelle jusqu'à Matignon, initiative qui a porté ses fruits puisque plusieurs familles ont été conviées ensuite à la discussion gouvernementale.

De mon côté, juste avant l'ouverture du Grenelle et pour la première fois de ma vie, j'avais exprimé mon exaspération à une journaliste du *Journal du dimanche*[*]. Le lendemain, j'avais reçu un coup de fil du cabinet du Premier ministre m'invitant à y participer. C'est ainsi que j'ai pu m'exprimer juste avant lui, à l'ouverture du Grenelle, hôtel Matignon.

Il y avait un monde fou, beaucoup de ministres, d'associations, des journalistes, des avocats… Jamais je n'avais parlé devant un auditoire aussi impressionnant ! Alors, pour surmonter ma peur, j'ai trouvé une pensée, une phrase qui m'aide, désormais, chaque fois que je dois intervenir en public et que je suis intimidée : « Oui, j'ai peur, oui, ce n'est pas facile, mais comparé à ce que Ghylaine a vécu, ce que je dois faire là, ce n'est rien du tout… » Une phrase magique qui me donne du courage et fonctionne à tous les coups !

Pour ma première intervention publique, j'ai fait au plus près de moi, au plus simple, j'ai donc résumé l'histoire de Ghylaine. J'ai parlé de la brutalité avec laquelle on m'avait annoncé le drame, ce qui a provoqué un murmure de sidération, de l'absence de prise en charge de notre famille, j'ai parlé de Cloé, évidemment, de l'autorité parentale qu'on laisse souvent au parent meurtrier… Bref, à travers mon histoire, j'ai souligné tous les dysfonctionnements autour de la violence faite aux femmes.

---

* *Le Journal du dimanche*, 25 août 2019.

Plus tard, je serai heureuse d'entendre le Premier ministre reprendre la déclaration du juge Édouard Durand : « Un mari violent n'est pas un bon père. » Même si la suppression de l'autorité parentale au père assassin ne sera pas appliquée de la manière que notre Association le préconisait. Mais j'y reviendrai.

Ainsi l'Union nationale des familles de féminicide (l'UNFF) est née de cette première marche et, officiellement, le 5 octobre 2019. Elle regroupe des personnes de tous bords qui, comme moi, ont perdu un membre de leur famille par féminicide, dans des circonstances différentes mais toutes aussi épouvantables les unes que les autres. J'en suis devenue la présidente*.

L'Association a l'honneur et l'amitié d'être parrainée par Laurence Sailliet et le journaliste et documentariste Olivier Delacroix, sensibilisé depuis longtemps à la question des violences conjugales. D'ailleurs, toutes les injustices le révoltent. En témoignent ses multiples reportages télévisés qui dénoncent les souffrances imposées aux minorités en général.

Le 25 novembre 2019, à l'issue du Grenelle, le Premier ministre Édouard Philippe a annoncé trente mesures,

* Hélène de Ponsay, vice-présidente ; Isabelle Seva-Boismoreau, secrétaire ; Hauteclair Dessertine, secrétaire adjointe référente Femme en danger ; Kallagnani Bouasy, trésorière ; Christine Launois, mécénat, partenariats et relations entreprises. Et je n'oublie pas tous les bénévoles anonymes qui nous donnent leur temps et leurs talents.

dont j'ai extrait ci-dessous celles qui me semblent les plus importantes :

– ouverture sans interruption du numéro d'urgence 3919 qui sera rendu accessible aux personnes en situation de handicap ;

– mise à l'abri des victimes de violences conjugales (ouverture de nouvelles places de foyer) ;

– formation à l'accueil des femmes victimes de violences conjugales dispensée aux policiers et gendarmes ;

– protection des victimes (bracelet électronique qui circonscrit l'auteur des violences à un certain périmètre) ;

– jugement plus rapide et plus efficace ;

– suspension de l'autorité parentale des pères violents dans certaines conditions ;

– reconnaissance du suicide forcé pour les auteurs de violences en cas de harcèlement ayant conduit au suicide de la victime ;

– formation sur l'égalité entre les filles et les garçons obligatoirement dispensée au personnel de l'Éducation nationale.

De plus, le Premier ministre a annoncé pour 2020 plus de 360 millions d'euros dédiés exclusivement à la lutte contre les violences faites aux femmes, ainsi que quatre-vingts postes supplémentaires d'intervenants sociaux dans les commissariats et les gendarmeries devant être créés d'ici 2021.

La mesure concernant la formation à l'accueil des victimes est capitale et l'actualité nous montre régulièrement combien elle peine à se mettre en place. Interpellé sur cette question il y a deux ans, le ministre de l'Intérieur assure en avoir pris conscience mais il existe encore de véritables problèmes concernant le dépôt de plainte de la part des victimes de violences auprès des services de police, commissariats et brigades de gendarmerie.

Pendant des années, les fonctionnaires n'ont pas été formés pour recevoir et interroger des victimes qui arrivent parfois immédiatement après leur agression. La prise en charge psychologique est délicate et un grand nombre de maladresses verbales ont été signalées.

Plus grave : certaines plaintes ne sont parfois pas prises en compte par l'agent qui reçoit les plaignantes alors qu'il a obligation de le faire. Ensuite, il n'y a pas forcément de relais entre police et justice, et quand ce relais s'organise, les plaintes sont traitées avec tant de lenteur qu'elles n'ont aucun effet. Ce laxisme a été fatal à beaucoup de ces femmes qu'on a trop souvent traitées avec désinvolture.

À l'Association, on m'a rapporté la réponse que font certains policiers à des femmes qui viennent porter plainte à plusieurs reprises contre leur mari violent :

— Vous savez que si vous continuez à porter plainte, on risque de vous prendre vos enfants et de les placer en foyer ?

Après de tels propos, on imagine la réaction de la plaignante : elle annule les procédures et elle rentre chez elle. Là encore, c'est la double peine : ces femmes sont victimes et la société les prive de leurs enfants alors qu'elle devrait les protéger, non les punir.

Nombre de femmes demandent des ordonnances de protection qu'on leur refuse par négligence ou méconnaissance de la situation. Parmi les victimes les plus récentes, une jeune femme de trente et un ans, C.*, mère de trois enfants, brûlée vive par son ex-conjoint.

Le drame s'est produit au mois de mai 2021, en pleine rue à Mérignac. Le meurtrier l'a poursuivie, lui a tiré deux balles dans les jambes. Elle est tombée à terre, il l'a aspergée d'un produit inflammable et a craqué une allumette. Plus tard, il est allé incendier son domicile. Quand on voit comment les flammes ont dévasté l'entrée du garage, on imagine ce qu'elle a souffert puisqu'elle était bien vivante quand il a mis le feu sur elle.

Évidemment, cette histoire terrible résonne douloureusement en moi. Comment ne pas penser à ce qu'a enduré Ghylaine ? Elle était vivante, elle aussi.

Deux mois avant le drame, cette jeune femme avait déposé plainte contre son ex-conjoint pour agression. Il avait déjà été condamné à trois reprises pour violences conjugales et, en 2020, à une peine de neuf mois de prison ferme « pour violences volontaires » sur elle. Ce qui montre que les faits reprochés étaient graves. Par ailleurs, depuis cette condamnation, il lui était interdit d'approcher son ex-compagne, et de se rendre chez elle.

Cette injonction verbale s'avère n'avoir été en rien contraignante. La preuve : s'il avait dû porter un bracelet anti-rapprochement, la police aurait pu être informée de ses allées et venues, en l'occurrence de sa présence devant le domicile de la jeune femme. Mais non. Par ailleurs cet homme violent l'avait appelée trente-six fois de la prison où il purgeait sa peine entre fin juillet et début août 2020,

* Les différentes victimes sont nommées par leur initiale dans le respect des familles.

alors qu'il avait interdiction de la contacter. Trente-six fois en une semaine, au nez et à la barbe des surveillants !

Une fois de plus, C. avait porté plainte pour harcèlement, mais cette plainte n'a pas été correctement transmise au parquet de Bordeaux. Quand celui-ci a demandé qu'on la lui retourne, sa demande est restée sans réponse.

Tant de signalements de la part de C. et si peu de réponses ! Tout cela pour finir brûlée vive... C'est révoltant ! Les mesures existent mais elles ne sont pas mises en application. Très clairement, c'est la mauvaise évaluation du danger qui a tué cette jeune mère de famille.

L'avocate de la famille de C. a découvert plus tard que le juge d'application des peines n'avait pas eu connaissance du harcèlement téléphonique de la part du mari en prison : « Cette information aurait pu peser sur la remise en liberté accordée à monsieur B., le 5 octobre. Des précautions auraient pu être prises pour protéger ma cliente...* » avait-elle remarqué.

Dans le rapport sur le meurtre, l'avocate a appris également que lors d'un comité de pilotage, le 18 mars 2021, pour l'attribution et le suivi des femmes dotées d'un téléphone « grave danger** », le nom de sa cliente avait été

* France 3 Nouvelle-Aquitaine, interview de Me Solène Roquain-Bardet, 11 juin 2021.

** Un téléphone grave danger ou TGD est un téléphone équipé d'une touche qui alerte immédiatement un service d'assistance. Son attribution est décidée par un procureur de la République. Inauguré en 2009 à titre expérimental et généralisé par la loi pour l'égalité réelle entre les femmes et les hommes en 2014, le système compte, fin 2019, moins d'un millier de bénéficiaires, et près de 1200 en septembre 2020.

ajouté sur la liste des dossiers sensibles. Or le signalement s'est arrêté là... Deux mois plus tard, elle était morte.

Tant pis si mes paroles choquent, mais je pense que, d'une manière générale, on n'est pas assez sévère avec les responsables de violences conjugales. La police et la justice attendent trop avant de sévir, elles se montrent beaucoup trop clémentes, se contentant souvent d'avertissements, de menaces qui n'ont malheureusement strictement aucun effet. La vérité c'est qu'en échouant à mesurer la dangerosité des auteurs de féminicide, elles en deviennent complices. Une forme de « complicité sociale » mais qui n'en est pas moins grave.

L'une des mesures importantes, suite au Grenelle, concerne directement les commissariats ou brigades de police qui disposent à présent d'outils particuliers pour recevoir les plaintes des victimes de violences : « Parce que les policiers et gendarmes doivent pouvoir évaluer le danger qu'encourt une femme victime de violences de la même façon sur tout le territoire, nous avions annoncé l'élaboration d'une grille unique d'évaluation du danger. Cette grille permettra aux policiers et aux gendarmes d'appréhender avec précision les risques encourus et de proposer une protection et un accompagnement adaptés. L'objet de ce document sera, à travers une série de 23 questions posées à la victime, même avant tout dépôt de plainte, d'analyser le danger encouru par cette dernière et ses enfants*. »

* Document « Clôture du Grenelle contre les violences conjugales, 25 novembre 2019 ».

Par ailleurs, la possibilité de déposer plainte à l'hôpital plutôt qu'à la gendarmerie devrait être également généralisée.

Grille d'évaluation du danger* :

MINISTERE DE L'INTERIEUR

EVALUATION DE LA SITUATION
DES VICTIMES DE VIOLENCES AU SEIN DU COUPLE

Ce questionnaire a pour objectif de mettre en évidence des signaux d'alerte afin d'évaluer la situation de danger et de proposer à la victime des solutions adaptées en matière de protection et d'accompagnement social. Il permettra également à la victime de prendre conscience du danger qu'elle encourt.

Remarque : ces questions/réponses constituent autant de signaux d'alerte qui ne doivent pas se limiter à la notion de danger actuel. Non exhaustifs, les éléments ressortant de ces questions permettront de contribuer à l'appréciation de la situation de danger.

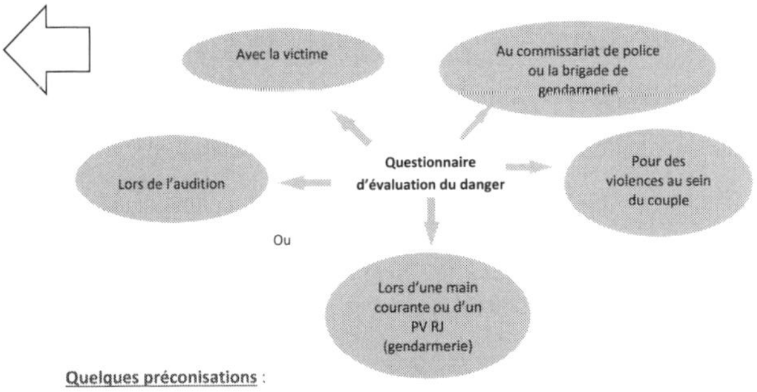

Quelques préconisations :

- Veiller à recevoir la victime dans un lieu respectant la confidentialité dans la mesure du possible.
- Informer la victime que ce questionnaire va lui permettre d'évaluer sa situation afin de mieux l'accompagner.
- Le questionnaire sera complété par le policier ou gendarme sur les indications de la victime, après avoir ménagé, au préalable, un temps de parole (proscrire la remise du questionnaire à la victime pour qu'elle le renseigne seule, notamment lors des périodes d'attente avant une prise en charge).
- Faire preuve de pédagogie et de bienveillance afin de rassurer et déculpabiliser la victime.

* Voir https://www.interieur.gouv.fr/Archives/Archives-des-communiques-de-presse/2019-Communiques/Lancement-d-une-grille-d-evaluation-du-danger-commune-aux-forces-de-l-ordre-face-aux-violences-conjugales.

MINISTERE DE L'INTERIEUR

Identité	Nom : Prénom : Date et lieu de naissance : Adresse : Coordonnées téléphoniques où elle peut être contactée en sécurité *(préciser les horaires et jours si besoin)* : Mail où elle peut être contactée en sécurité :		
	QUESTIONS	**OUI**	**NON**
Informations sur la victime	Êtes-vous blessé ?		
	Craignez-vous de nouvelles violences (envers vous, vos enfants, proches, etc.) ?		
	Selon vous, votre partenaire ou ancien partenaire a-t-il eu connaissance de votre projet de séparation ? Ou êtes-vous séparés ? (cherche-t-il à connaître votre lieu de résidence ?)		
	Vous sentez-vous isolé de votre famille et/ou de vos amis?		
	Avez-vous peur pour vous et/ou pour vos enfants ?		
	Êtes-vous déprimé ou vous sentez-vous « à bout », sans solution ?		
Informations sur l'auteur	Votre partenaire ou ancien partenaire possède-t-il des armes à feu (déclarées ou non) ?		
	Votre partenaire ou ancien partenaire consomme-t-il de l'alcool, des drogues et/ou médicaments ?		
	Votre partenaire ou ancien partenaire a-t-il des antécédents psychiatriques ?		
	À votre connaissance, votre partenaire ou ancien partenaire a-t-il déjà blessé quelqu'un d'autre ? (notamment ancienne partenaire)		
	À votre connaissance, votre partenaire ou ancien partenaire a-t-il déjà eu des problèmes avec la justice ou la police ?		
	La police ou la gendarmerie est-elle déjà intervenue à votre domicile ?		
	Votre partenaire ou ancien partenaire a-t-il déjà tenté ou menacé de se suicider ?		
Contexte des violences	Votre partenaire ou ancien partenaire s'est-il déjà montré violent envers vous ?		
	La fréquence des violences a-t-elle augmenté récemment ? (violences verbales, physiques, sexuelles ou psychologiques)		
	Êtes-vous enceinte ou avez-vous un enfant de moins de deux ans ?		
	Votre partenaire ou ancien partenaire essaie-t-il de contrôler ce que vous faites (vêtements, maquillage, sortie, travail…) ?		
	Votre partenaire ou ancien partenaire exerce-t-il sur vous une surveillance quotidienne, du harcèlement moral et/ou sexuel au moyen de mails, sms, appels, messages vocaux, lettres ?		
	Disposez-vous librement de votre argent, de vos documents administratifs (papiers d'identité, carte vitale…) ?		
	Êtes-vous en difficultés financières ?		
	Votre partenaire ou ancien partenaire a-t-il déjà menacé de vous tuer ou de tuer quelqu'un d'autre ? (enfant)		
	A-t-il précisé de quelle manière il projetait de le faire ?		
	Votre partenaire ou ancien partenaire a-t-il déjà évoqué ou commis des actes à caractère sexuel qui vous ont mis mal à l'aise, ont heurté votre sensibilité ou vous ont blessé ?		

Si cette grille est un premier instrument utile pour cerner l'urgence et la gravité de la situation quand une femme porte plainte, elle nécessiterait quelques améliorations. Par exemple, je trouve qu'on n'insiste pas assez sur le « chantage au suicide » qui est un signal fort du passage à l'acte, c'est-à-dire des violences à venir du conjoint sur sa femme.

La liste des questions manque de précisions. Je ne pense pas, par exemple, qu'une personne sous emprise puisse bien répondre à la question formulée ainsi : « Vous sentez-vous isolé de votre famille et/ou de vos amis ? » C'est trop abstrait. En revanche, on peut évaluer tout de suite ce qu'il en est de sa vie sociale si on lui demande : « Depuis quand n'avez-vous pas vu votre famille et/ou vos amis ? »

Dans l'ensemble, les questions de cette grille d'évaluation restent générales, et certaines d'entre elles qui, selon les réponses, peuvent constituer de véritables alertes, devraient être soulignées pour ainsi ressortir en rouge par rapport aux autres.

En revanche les deux mesures concernant les foyers d'accueil et les bracelets anti-rapprochement (BAR) sont essentielles car elles concernent de très près la sécurité des victimes : « Création d'un total de 1 000 nouvelles solutions d'hébergement d'urgence. Parmi celles-ci sont prévues 250 places dans des centres destinés à la mise en sécurité immédiate et 750 places dans des logements temporaires permettant des séjours d'une durée d'un an maximum. Elles compléteraient les 5 000 places qui existaient déjà au moment du Grenelle*. »

Le gouvernement indique que, désormais, un juge pourra fixer un éloignement minimum entre les conjoints quand l'un se sent menacé. On a beaucoup parlé de ces BAR mis en place sur tout le territoire depuis début 2021. Le système est simple : le conjoint jugé violent porte à la cheville un bracelet GPS et la plaignante un boîtier de téléprotection. La distance d'alerte qui sépare l'un de l'autre varie entre 1 et 10 kilomètres (périmètre décidé par le juge) et 2 à 20 kilomètres pour la distance de pré-alerte.

En théorie, les BAR sont parfaits : ils permettent de géolocaliser l'auteur de violences et émettent un signal aux forces de l'ordre dès que la distance avec la victime n'est pas respectée. En pratique, le système comporte quelques inconvénients, en particulier concernant le périmètre de sécurité qui peut poser un problème technique, notamment en zone urbaine : si une femme se trouve dans le même secteur que l'auteur des violences sans que l'un ou l'autre ne l'ait voulu, elle en est régulièrement alertée par le boîtier ce qui la plonge dans le stress qu'on imagine, sans savoir précisément où se situe le danger. De plus, cela contribue à conserver un lien avec la personne dont on ne veut peut-être plus entendre parler.

Le gros problème reste le nombre de bracelets distribués par rapport au nombre de victimes sur le territoire :

---

* Document « Clôture du Grenelle contre les violences conjugales », 25 novembre 2019.

379 pour 230 000 femmes en danger, c'est très insuffisant*. Dans certains départements comme la Drôme, il n'y en a qu'un seul ! De plus, durant la période de pré-jugement, le bracelet ne peut être posé qu'avec l'autorisation du conjoint violent. On imagine le faible pourcentage de ceux qui l'acceptent spontanément ! En revanche, après jugement, le juge peut les obliger à s'en munir.

Les Espagnols s'en sortent mieux que nous et ont de bien meilleurs résultats. Quand le porteur du bracelet s'approche à moins d'un kilomètre de sa victime, la police est informée et c'est elle qui l'appelle pour lui demander de rebrousser chemin. S'il continue à avancer, à 500 mètres, les policiers font sonner le bracelet de la victime potentielle pour qu'elle se mette à l'abri et ils interviennent pour neutraliser le conjoint violent. En Espagne, le BAR a été instauré en 2008 et depuis sa mise en place, aucune femme le portant n'a été tuée.

Je reviendrai sur les différentes politiques européennes menées en la matière, mais quand on regarde les chiffres, on peut s'interroger sur la volonté du gouvernement français d'inverser les courbes !

Parmi les propositions du Grenelle, figure « l'éviction du conjoint violent » sans que ce point essentiel

* « Depuis 2021, 499 placements sous bracelet anti-rapprochement ont été prononcés par les juridictions en France, dont 341 étaient actifs au 25 octobre », Isabelle Rome, haute fonctionnaire à l'égalité femmes-hommes au ministère de la Justice, LeMonde.fr, 4 novembre 2011.

soit vraiment développé. Aujourd'hui, en cas de conflit familial grave, on éloigne les victimes, c'est-à-dire qu'on les sort de leur lieu d'habitation. Femmes et enfants sont recueillis dans des hôtels, des foyers ou autres structures d'urgence.

En effet en 2013, le parrain de l'Association, Olivier Delacroix, avait rencontré le magistrat Patrick Poirret qui avait mis en place, à Strasbourg, des téléphones d'appels d'urgence pour les femmes en danger avec un bilan très positif; et Luc Frémiot, avocat général, qui a été le premier à imaginer éloigner les conjoints violents. « Un constat de simple bon sens* », expliquait-il à Olivier.

Le « bon sens » : on l'oublie facilement lorsqu'il s'agit de femmes en souffrance ! Pourquoi sortir de leur maison femmes battues et enfants terrorisés alors qu'ils ne sont pour rien dans ce qui leur arrive ? Donc, pour eux, la double peine ! Ne serait-il pas plus rapide et plus juste de déplacer le fauteur de troubles ?

Dans le système de Luc Frémiot, ce sont les maris agresseurs qui étaient placés en foyer d'accueil. Le projet mis en œuvre dans le département du Nord témoignait d'un certain succès : « De 30 % de récidives d'actes violents, on est tombé à 6 % (et dans ces 6 % aucun homme n'était passé par ce nouveau dispositif...)**. »

Encore une mesure relativement simple à mettre en place et beaucoup moins onéreuse que l'accueil en hôtels, appartements ou foyers de femmes battues et d'enfants. En parallèle, Luc Frémiot proposait que les

* Olivier Delacroix, *Parce qu'il y a les femmes*, *op. cit.*

** *Ibid.*

agresseurs travaillent sur les causes de cette violence avec des éducateurs et des psychologues. « Ce qui se fait très peu actuellement. On traite les conséquences, rarement les causes* » expliquait-il.

Des initiatives personnelles ont ainsi été mises en place dans leur région par ces deux pionniers de la lutte contre les violences conjugales et couronnées de succès. D'autant plus méritoires qu'il n'existe toujours pas d'Observatoire régional des violences faites aux femmes...

À la clôture du Grenelle, Marlène Schiappa a annoncé la création de centres de prise en charge des hommes agresseurs. « Les moyens sont au rendez-vous et toutes les nouvelles politiques publiques seront financées** », a-t-elle dit. D'ici la fin du quinquennat, le gouvernement s'est engagé à financer à 50 % la création de deux structures dans chaque région. Nous verrons au mois de mai 2022 ce qu'il en sera.

*

Le père de Cloé a donc perdu son autorité parentale à l'issue de son procès et cette mesure m'importait plus que tout. Je n'oublie pas que Cloé aurait pu être, elle aussi, victime des flammes. Cette éventualité, ce risque n'ont pas arrêté le bras vengeur de son père. Si elle est en vie aujourd'hui, ce n'est pas à lui qu'elle le doit.

La suspension de l'autorité parentale du parent tueur fait partie des nouvelles mesures adoptées suite

* *Ibid.*

** Figaro.fr, interview de Marlène Schiappa, 24 novembre 2019.

au Grenelle, mais elle n'est pas automatique, comme certains ont pu le croire. Elle court à partir du jour où le meurtre a été commis jusqu'au jour où le juge aux affaires familiales se saisit du dossier, ayant un délai de six mois pour le faire. À partir de là, il pourra confirmer la suspension, ou la restituer. C'est à l'appréciation de chaque juge. C'est ainsi que sur deux territoires, pour deux cas similaires on pourra avoir deux décisions différentes.

À l'UNFF, cette mesure ne nous satisfait pas du tout ! Nous, ce qu'on demande, c'est la suspension de l'autorité parentale*, du jour du meurtre jusqu'au procès, ce qui recouvre une période beaucoup plus longue. Deux ans et demi pour le procès de l'assassin de ma sœur. Pendant ce temps, l'enfant grandit et bénéficie du suivi psychologique. Évidemment, si le parent est reconnu coupable, il perd son autorité parentale. Ce qui évite ces situations toxiques où le père emprisonné dicte encore sa loi derrière les barreaux. Quel crédit apporter à la parole d'un père qui a massacré la mère de son enfant ?

Je repense à un reportage que j'avais vu lors d'une émission de télévision** dont le sujet portait sur les féminicides. La question qu'une journaliste posait à ce père

---

* En 2020, les juges ont ordonné 235 retraits complets ou partiels de l'autorité parentale à un parent violent ou meurtrier. En 2017, le nombre de retraits n'était que de 9. C'est beaucoup mieux mais, en cas de meurtre d'un parent par l'autre, nous pensons que la mesure doit être automatique.

** « Complément d'enquête », épisode intitulé « Papa a tué maman », France 2, 7 octobre 2021.

de famille emprisonné pour meurtre, au sujet de son enfant, m'avait semblé des plus pertinentes : « Vous avez tué sa mère, votre compagne. Qu'est-ce que vous pouvez lui apporter sur un plan moral ? » Sur le coup, l'homme avait été un peu déstabilisé par les mots très directs de la journaliste, puis il avait affirmé qu'il pouvait être un bon père... J'avais été choquée et en colère d'entendre de telles paroles. Comment un homme qui prive son enfant de sa mère peut-il encore prétendre être un bon père ?

Pour moi, cela demeure incompréhensible : depuis que j'ai vu les souffrances, les traumatismes qu'un père peut causer à ses enfants en assassinant leur mère, depuis que j'ai vu de jeunes vies sombrer sans espoir de retour, j'ai plutôt envie de les mettre à l'abri de cette violence et de cette folie ! Il faut les protéger en les éloignant de la cause de leurs malheurs.

Je pense aussi que la place d'un enfant n'est pas en prison, même pour y voir son père. Trop souvent, ces pères assassins sont dans le déni de leur acte et je ne voulais pas exposer Cloé à cela. Pour moi, ce sont de mauvais messages qu'on envoie à ces orphelins en les laissant voir leur père meurtrier : on leur dit en substance que, plus tard, quand ils seront grands, même s'ils tuent leur compagne, ou leur compagnon, ils pourront toujours voir leurs enfants. L'acte dont ils se sont rendus coupables n'est donc pas si grave puisque la société reconnaît leur statut et leur accorde encore quelques faveurs !

Ce qui me frappe dans toutes ces procédures qui sont souvent des demi-mesures, c'est qu'on privilégie l'intérêt des parents, alors que ce devrait être celui de l'enfant qui prime. On ne les protège pas assez. Cela se vérifie aussi pour les enfants nés de parents inconnus dont on refuse l'accès à leurs origines, uniquement dans le but de protéger les géniteurs ; ou les enfants placés en foyer alors qu'ils n'ont rien fait ou qu'on arrache à des familles d'accueil bienveillantes pour les « rendre » à des parents qui ne s'en occupent pas. Toujours au motif de garder le lien avec la famille biologique même si ce rapport est toxique, violent, dangereux pour l'enfant.

Je n'oublierai jamais cette petite fille placée dans un foyer de l'Aide sociale à l'enfance parce que sa mère ne l'aimait ni ne s'en occupait. Mais comme celle-ci, allez savoir pourquoi, lui écrivait une fois par an, aux yeux de la loi son enfant ne pouvait être adopté ! Les services sociaux estimant que cette lettre annuelle était la preuve qu'il n'y avait pas de rupture de liens entre la mère et l'enfant. Une lettre dont je sais qu'elle ne contenait aucune marque d'affection. Pendant ce temps, la petite a été privée d'une vraie famille qui aurait pu l'adopter, l'aimer, l'entourer, s'occuper de son avenir… Parfois, les décisions de justice dépassent l'entendement.

10.

En terre inconnue

Le drame dont ma sœur a été victime nous a propulsés dans un univers de violence dont notre famille ignorait tout. Jamais je n'avais été confrontée à des tensions quelles qu'elles soient entre mes parents. Aucun geste inapproprié, jamais d'insultes ni même de paroles blessantes. Mes parents ont toujours été extrêmement bienveillants l'un envers l'autre et à l'égard de leurs enfants.

Quand la violence, la perversité, la tyrannie vous sont étrangères, vous n'en connaissez pas non plus les bourreaux et les victimes. En travaillant avec l'Association, j'ai appris à connaître la psychologie des uns et des autres, à mieux comprendre leur profil.

Personne ne reçoit toute cette violence sans en être affecté. On ne s'y habitue jamais… et heureusement ! Après deux années dans l'Association, cela me bouscule toujours autant, ce qui explique que je continue à voir une psychologue et une coach de vie qui m'aident à supporter l'écoute de cette souffrance, à la dépasser et, de fait, à mieux soutenir ces femmes violentées ainsi que les proches de victimes.

Si Ghylaine n'entre pas dans les statistiques des femmes battues – elle ne l'était pas avant que son compagnon la frappe et la tue –, en revanche elle fait partie des victimes sous emprise que leurs conjoints ont éliminées quand elles ont voulu les quitter. En France, ce cas de figure représente plus de la moitié des féminicides ! Notons qu'en majorité ce sont les femmes qui partent et que la moyenne nationale indique qu'elles quittent le domicile conjugal et y reviennent sept fois avant de le quitter définitivement.

La violence ne s'arrête pas après la séparation du couple, bien au contraire : les féminicides se produisent très souvent par la suite, lorsque la femme retrouve un travail ou qu'elle est enceinte de son nouveau compagnon. En refaisant sa vie, en montrant aux autres, à la société, qu'elle a construit quelque chose de neuf avec quelqu'un d'autre, elle « échappe » définitivement à son ex-conjoint qui ne le supporte pas et passe à l'acte.

On sait que l'année qui suit la séparation du couple est une année compliquée voire critique. Certains de ces hommes deviennent des harceleurs, un grand nombre utilisent les enfants, par exemple, en traquant les téléphones portables pour savoir en permanence où se trouve leur ex-conjointe. Les moyens de contrôle coercitif sur les femmes sont innombrables. C'est une violence difficile à évaluer et donc à faire entendre car elle ne s'accompagne pas de coups, elle ne laisse souvent pas de traces sinon dans le psychisme de la femme harcelée.

Jamais tranquilles, poussées à bout par leur ex-compagnon, une minorité d'entre elles finissent par éliminer leur tortionnaire, et beaucoup se suicident*. Parmi les nouvelles mesures du Grenelle, un article reconnaît ce phénomène de « suicide forcé », grâce à l'acharnement et la ténacité de Yael Mellul, ancienne avocate.

Le vocabulaire employé pour parler des féminicides est très important. Il faut savoir de quoi on parle et qu'on entende tous la même chose. Sous les termes « violences conjugales », certains voient une mésentente, des disputes inhérentes à tous les couples, rien de bien grave, alors qu'il ne s'agit pas de ça. Jamais à l'Association, nous ne parlons de « crimes passionnels ». Je déteste cette expression qui peut faire penser à un « crime d'amour », un moment d'égarement de la part du tueur. Malheureusement, cette formule est toujours citée dans les cours d'assises et les articles de presse, malgré le Grenelle**.

Parlons plutôt de crimes « possessionnels » car ils sont perpétrés par des hommes qui considèrent leur épouse, leur compagne comme faisant partie de leur patrimoine, au même titre que leur voiture, leur moto, leur maison... Ils considèrent avoir tout pouvoir sur elle, y compris quand le couple se sépare. Comme des petits garçons capricieux qui voient que leur « jouet »

---

* Des morts qui ne sont pas incluses dans le décompte annuel des féminicides.

** En Espagne, ils sont encore plus clairs : les féminicides ne sont plus qualifiés de « meurtres passionnels » par les médias mais de « crimes machistes ».

leur échappe, ils préfèrent le casser pour que personne n'y touche. « Puisqu'elle ne veut pas être à moi, elle ne sera à personne… » Voilà ce qu'ils se disent. Syndrome absolu de l'omnipotence.

Rebecca Dobash, la célèbre criminologue américaine, l'explique très bien : « Le projet initial de ces hommes est de contrôler leur partenaire. À partir du moment où ils sentent qu'ils la perdent, ils changent leur projet, et celui-ci est de tuer. Il est réfléchi, intentionnel*. »

Pour Françoise Brié, porte-parole de la Fédération nationale Solidarité Femmes, journaliste et écrivaine italo-britannique, « c'est une question de domination et de sexisme ». En précisant qu'« il y a des cas de psychiatrie, mais dans la majorité, ce sont les acteurs qui considèrent leurs femmes comme leur objet. Donc quand elles cherchent à partir, ils les tuent** ».

Enfin, son enquête montre comment « des hommes depuis qu'ils sont tout petits se sentent autorisés à exercer des violences, en particulier à l'encontre des femmes pour contrôler leur corps. […] Les hommes auteurs de violences conjugales sont souvent des personnes assez communes, précise-t-elle, qui se permettent de contrôler la manière de s'habiller de leur femme, de limiter leur mobilité sociale et géographique, de les frapper, d'exercer des violences sexuelles sur elles, voire de les tuer***. »

* Rebecca et Russell Dobash, *When men murder women*, Oxford University Press, 2015.

** Interview de Françoise Brié, porte-parole de la Fédération nationale Solidarité Femmes, Ouest-France.fr, 7 mai 2021.

*** Enquête commentée par la sociologue Pauline Delage, émission « L'Invité(e) des Matins », France Culture, 25 novembre 2021.

La violence qui peut s'exprimer dans ces moments est troublante. Dans le cas de Christophe, comme je l'ai dit, jamais il n'avait porté la main sur ma sœur avant et pourtant, à un moment T, il a été capable de produire de la violence avec une sauvagerie extraordinaire et pendant un temps très long puisqu'il l'a frappée à coups redoublés pendant un quart d'heure.

Il n'existe pas de profil type d'hommes qui tuent leur conjointe ou ex-compagne. Hélas, ai-je envie de dire, sinon on pourrait les repérer plus facilement et, peut-être, les empêcher de passer à l'acte. Néanmoins, on observe certaines constantes. Par exemple, ces individus sont souvent issus de familles défaillantes, dysfonctionnelles dans l'éducation, ce sont des hommes qui, très tôt, ont été livrés à eux-mêmes, ont grandi sans beaucoup d'amour et dans un milieu violent ; ou bien l'inverse, qu'on a hissés sur un piédestal, à qui personne n'a posé de limites au point qu'ils se sentent tout-puissants. Marie-France Hirigoyen*, psychiatre et psychothérapeute, que j'ai rencontrée lors d'une conférence, m'a expliqué que tous les auteurs de crimes ont une faille narcissique, ils sont autocentrés.

Ce sont des personnes qui ne montrent pas tout de suite leur pouvoir de nuisance, c'est plus subtil que ça : elles tissent leur toile petit à petit. Ernestine Ronai, responsable de l'Observatoire des violences faites aux femmes de Seine-Saint-Denis, explique cette situation

---

* Marie-France Hirigoyen, *Femmes sous emprise, Les ressorts de la violence dans le couple*, Éd. de Noyelles, 2005.

par l'exemple de la grenouille. Si on met une grenouille dans une casserole d'eau bouillante, elle bondit et s'enfuit à l'extérieur car la douleur est forte et brutale. En revanche, si on la plonge dans de l'eau fraîche et qu'on augmente peu à peu la température, elle ne se rend compte de rien et quand l'eau se met à bouillir, elle reste dedans car elle ne se méfie pas, elle n'a pas vu le danger venir.

Les hommes violents ont des réflexes de prédateurs – on le dit aussi des pervers narcissiques qui s'en prennent toujours au même genre de femmes –, ils n'abattent pas toutes leurs cartes en même temps. Ils peuvent commencer par des avertissements : « Attention, là, ça ne va pas, je te l'ai déjà dit... » ou « Tu t'y prends mal, je t'ai montré, pourtant... », pour finir par : « Si tu me ressers un plat pareil, tu vas voir ce qui va t'arriver... »

Ainsi que l'explique Ernestine Ronai, dans la même phrase ce genre d'homme peut dire : « Je t'aime comme personne ne t'aimera mais regarde comme tu es moche... » « Voilà l'emprise, dit-elle : une dépendance affective et, en même temps, la dévalorisation de l'autre. »

C'est très insidieux d'autant que l'emprise s'exerce au quotidien, à la maison, d'une manière presque anodine. La menace plane et la femme qui veut vraiment bien faire, doute et pense que c'est elle qui est en tort, que son mari a raison de la rudoyer et qu'elle doit accepter d'être maltraitée pour apprendre. En général, les premiers coups ne sont pas loin mais ils ne seront pas reçus autrement que les avertissements qui ont précédé.

Et elles ne pourront pas se plaindre puisqu'elles ont été prévenues. Le serpent se mord la queue : la perversion dans toute sa splendeur !

Les névroses des hommes violents sont souvent les mêmes : égocentrisme, forte dépendance affective à l'autre, une perception de la femme très altérée, peur panique de l'abandon… La hantise qu'ils ont d'être abandonnés revient très souvent. Et, surtout, une possessivité exacerbée ! Autant de fragilités que les femmes paient de leur vie. Elles qui sont si souvent quittées, « plaquées » (c'est ainsi qu'elles le ressentent) avec des enfants à charge qu'elles élèveront seules et, pour la plupart d'entre elles, sans aide financière des pères défaillants. Elles n'en deviennent pas pour autant des meurtrières…

Quant aux signes avant-coureurs d'un féminicide, le chantage au suicide en est un, un des signaux les plus forts du passage à l'acte. Mais celui qui menace de se suicider ne le fera pas forcément ou pas en premier. Il pensera d'abord à supprimer l'autre et il se tuera après. Ou pas.

Il existe également un profil de victimes. Moi, je n'en fais pas partie, j'ai un caractère trop fort en face de ces hommes. Forte, Ghylaine l'était sans doute moins à cause de sa tendance à la compassion qu'elle manifestait systématiquement envers les gens qui exprimaient leurs souffrances. Quand Christophe lui interdisait de manger et choisissait ses tenues pour sortir, elle ne pensait pas qu'il abusait, qu'il la manipulait, elle se disait qu'il l'aimait, qu'il tenait à elle. Elle cherchait toujours à arrondir les angles sans voir qu'avec quelqu'un qui veut vous dominer, il n'y a pas de compromis possible : l'un ordonne, l'autre obéit.

Le profil des victimes est moins précis à définir mais il comporte également des constantes. L'empathie est une vertu qu'on retrouve chez la plupart des femmes victimes d'hommes violents. Elles subissent des pressions psychologiques de leur compagnon et elles ont le chic pour leur trouver toujours une excuse ! Se préoccupant de l'autre, elles ne voient pas le danger pour elles-mêmes. Ghylaine n'avait pas peur pour sa vie, en revanche elle craignait que Christophe attente à la sienne…

Souvent les hommes qui portent cette violence en eux vont vers des femmes qui ont, même momentanément, une fragilité. Ils savent les repérer. C'était le cas de Ghylaine qui sortait d'une relation amoureuse avec une grande tristesse.

Le manque d'autonomie financière est un critère de fragilité chez ces femmes. On notera que parmi les 146 femmes victimes de féminicide en 2019, 65 % d'entre elles n'avaient pas ou plus d'activité professionnelle*. C'est une donnée que l'on retrouve également en Allemagne où les femmes travaillent beaucoup moins que les hommes.

Il est une catégorie de victimes de violences et de féminicides dont on ne parle pas ou très peu. Elle représente

---

* « Enquête de la Délégation aux victimes », *Ouest-France*, 7 mai 2021.

pourtant 21 % des victimes, à savoir plus d'une victime sur cinq : ce sont les femmes de plus de soixante-dix ans. Souvent malades, dans une situation de dépendance, elles sont tuées par leurs maris qui, en général, se suicident après. S'il n'existe pratiquement pas de statistiques sur ce phénomène, c'est que la question dérange car elle concerne la fin de vie et, d'une manière générale, tout ce qu'il y aurait à faire pour soutenir nos aînés physiquement et psychologiquement.

Même si ces hommes sont souvent en situation de détresse face à la maladie de leurs compagnes, je pense que ce sentiment n'excuse ni ne justifie la violence et le crime. Dans le cas de figure inverse, nous constatons que les femmes, elles, prennent soin de leurs compagnons jusqu'à la fin, sans les supprimer. En 2018, deux femmes seniors ont tué leur mari malade ou âgé, tandis que vingt-six autres, de la même classe d'âge, ont été tuées par leur conjoint.

Si on connaît mal la violence au sein des couples du troisième âge, c'est que les victimes portent rarement plainte. Elles appartiennent à une génération de femmes qui quittaient généralement tôt leur activité professionnelle (quand elles en avaient une) pour s'occuper de la maison et des enfants. Donc sans autonomie financière. Elles sont aussi issues d'une époque où l'on ne discutait pas les ordres du mari, où on lui devait obéissance. Je pense aussi qu'elles ont honte d'être malmenées à leur âge, elles préfèrent garder le silence plutôt que de révéler une telle humiliation. L'éternelle honte de la victime...

*

Avant le drame qui nous a enlevé Ghylaine, je n'étais pas du tout sensibilisée à la question des féminicides. Personne, dans mon entourage, ne souffrait de violences conjugales, en tout cas l'information n'est jamais parvenue à mes oreilles. Bien sûr, j'entendais des faits divers, de temps à autre, mais ce problème restait très loin de moi, je pensais que cela concernait des familles qui n'avaient rien à voir avec la mienne. Je pensais qu'il s'agissait de cas sociaux, de personnes au chômage ayant des problèmes d'alcool, de drogue... Rien qui puisse ressembler au milieu dans lequel je vivais. J'avais en tête ce stéréotype. Plus tard, contrairement aux idées reçues, j'apprendrai qu'une minorité des auteurs de violences mortelles au sein du couple consomme de l'alcool, des produits stupéfiants ou des médicaments*.

C'est donc avec effarement que j'ai pris connaissance de ce phénomène de société et du chiffre invraisemblable des victimes féminines, tous milieux et classes sociales confondus. La sœur de la vice-présidente de l'Association était une chercheuse renommée vivant entre les États-Unis et la France, une femme indépendante, dynamique, une féministe dans l'âme. Jamais je n'aurais imaginé que ce genre de personnalité puisse se retrouver un jour sur la liste des femmes assassinées par leur compagnon !

---

* « Selon les chiffres de la Délégation aux victimes, dans 69 % des cas, les auteurs n'ont pas consommé d'alcool au moment des faits, et n'en consomment pas non plus de manière habituelle. Et pour les produits stupéfiants, ce chiffre s'élève à 84 % », *Ouest-France*, 7 mai 2021.

Chaque jour, les bénévoles de l'UNFF sont « sur le pont » et assurent une permanence pour recevoir les appels de toute sorte : des appels au secours, des demandes de conseils. Nous pouvons tout de suite orienter les personnes en péril vers des avocats, des centres de psychotraumatologie... On se réunit, on organise des groupes de parole, on se déplace en province pour soutenir des familles de victimes lors de procès, on signe des pétitions, on manifeste, on en appelle au gouvernement à travers les médias... Le travail est considérable et multiple. Bien sûr, nous collaborons avec les institutions, ministère de la Justice, de la Santé, de l'Éducation, de la Famille en apportant notre expertise de terrain. Mairie de Paris, préfectures, les interlocuteurs sont nombreux et l'on mesure le chemin qui reste encore à parcourir !

Récemment, nous avons mis en place un pôle « femmes en danger » qu'on accompagne dans leurs démarches pour se protéger, trouver des lieux de refuge... À la fin de l'année 2021, elles étaient déjà près d'une centaine. La plupart ont demandé un bracelet anti-rapprochement et un téléphone grave danger : pour l'instant, aucune ne l'a obtenu. En déplacement à Beauvais, le ministre de la Justice Éric Dupond-Moretti a assuré que 3 000 téléphones grave danger seront déployés d'ici la fin de l'année* – 3 000 pour 220 000 femmes victimes de violences chaque année... En imaginant même qu'on les obtienne, ce serait

* Interview d'Éric Dupond-Moretti, Europe 1, 19 juillet 2021.

insuffisant. Dans une grande ville comme Lyon, il n'y en a que 80 de disponibles.

Parmi mes rendez-vous réguliers à l'UNFF, il y a le Service pénitentiaire d'insertion et de probation (SPIP) où des « stages de responsabilisation » sont organisés pour les hommes coupables de violences conjugales sans avoir donné la mort. C'est ici, notamment, que l'on pose les bracelets anti-rapprochement. Ces programmes visent essentiellement à prévenir toute récidive.

Mon rôle est de faire entendre à ces hommes quel est l'impact de leurs actes sur leur propre famille, sur la famille de leur victime et, surtout, sur leur propre enfant. Car, aussi étonnant que cela puisse paraître, ils ne s'en rendent pas toujours compte. Tous sont en liberté et la plupart d'entre eux qui ont déjà été jugés se sont engagés à suivre ce stage de huit demi-journées plutôt que d'aller en prison. Certains se le sont vu imposer.

D'emblée, j'explique sans entrer dans les détails « d'où je parle » et pourquoi je suis là, en devançant tout de suite leurs appréhensions : je viens pour partager avec eux, sans haine, sans jugement. Ensuite, ils se présentent sans trop s'étendre sur leurs méfaits. Ce n'est pas facile pour eux de se raconter, ni pour moi d'entendre des paroles parfois très violentes. Je me souviens d'un homme qui m'avait dit avoir « déglingué » sa fille parce qu'elle commençait à avoir de mauvaises fréquentations. Le mot était fort et on pouvait imaginer ce qu'il lui avait fait subir... Quand on a des enfants, il n'est pas facile de rester zen devant de tels propos mais je me dois de contrôler mes émotions. Je me dis qu'il s'agit du passé de ces hommes, qu'ils viennent en atelier pour faire justement évoluer des situations où personne, jusque-là, ne voyait d'issue et qu'ensemble nous allons y arriver.

D'une façon générale, le dialogue s'instaure assez rapidement.

Ce qui m'étonne toujours chez ces hommes, c'est la manière qu'ils ont de s'arranger avec la réalité. Par exemple, tous m'assurent que leurs enfants ne sont « pas trop » impactés par les violences qu'ils ont infligées à leur mère. « Ils étaient dans leur chambre, ils n'ont pas entendu... » ou bien « Ils sont trop petits, ils ne s'en souviendront pas... » Et quand je leur demande à quand remonte leur premier souvenir, tous le situent dans leur petite enfance. Une démonstration imparable : si chacun d'entre eux se rappelle une scène à l'âge de quatre ou cinq ans, comment les enfants concernés pourraient-ils faire abstraction des actes de violence à un âge similaire ? L'évidence les choque. Ils détestent l'idée que leurs enfants se souviendront d'eux comme des pères violents. C'est souvent ce qui les fait réagir en les poussant à considérer cette aide qu'on leur offre comme une chance.

Beaucoup sont dans le déni. Ce qui s'est passé n'est pas de leur faute... ce n'est pas eux qui ont commencé... On croirait entendre des enfants pris la main dans le sac ! Ou bien ils inversent la culpabilité : « Elle l'a cherché, elle m'a poussé trop loin, elle m'a giflé en premier, c'est elle qui m'a trompé... » Le problème c'est que pour beaucoup la violence semble être le seul mode de communication. Face à ce qui les dépasse, ce avec quoi ils sont en désaccord ou ce qu'ils réprouvent, ils répondent par des coups.

Ces hommes n'imaginent pas combien leurs actes impactent la vie des victimes collatérales. Et à ce moment-là, je pense à tous ceux pour qui l'histoire est allée trop loin et qui ont changé d'état-civil ou enlevé leur nom des réseaux sociaux pour ne pas avoir à subir la honte de porter celui d'un meurtrier.

La fréquentation de ces hommes lors des ateliers m'a fait comprendre qu'ils ne sont pas violents par hasard et qu'eux-mêmes, en majorité, ont connu des épisodes violents dans leur petite enfance. Ce qui n'excuse rien ! Si les victimes deviennent souvent des bourreaux, il n'y a pas de fatalité. Beaucoup d'enfants battus parviennent à transcender leur passé d'enfants martyrisés et deviennent des parents modèles, tant ils craignent de reproduire ce qu'ils ont vécu.

Ils sont six, huit, parfois dix devant moi. Ils parlent ou refusent de se livrer et ceux qui gardent le silence profitent des confidences des autres. Mais tous, lorsque nous partons, expriment de la compassion par rapport à ce que nous avons subi. Ils ont « dérapé », sans être devenus des assassins et j'espère que notre intervention les aidera à ne jamais basculer « de l'autre côté ». Parfois je me dis que si un seul d'entre eux a compris le message et change son rapport à la violence, mon travail n'aura pas été vain.

Lors du Grenelle, Marlène Schiappa avait annoncé la création de 53 Maisons de protection de la famille

(MPF). Sa promesse a été tenue. Ces maisons sont des lieux d'accueil pour les femmes battues, des lieux où l'on recueille la parole d'enfants victimes d'inceste ou de maltraitance, des lieux d'écoute. La Direction générale de la gendarmerie nationale (DGGN) qui chapeaute ces MPF nous a contactées pour qu'on vienne participer à la formation des 53 gendarmes qui seront à la tête de ces maisons*.

Depuis longtemps, la DGGN s'intéresse à notre Association, à l'expertise que nous avons du terrain et tout ce qui, concrètement, peut les aider à mieux appréhender les besoins des femmes en péril. Avec ces gendarmes, nous avons travaillé l'accueil et la prise en charge des victimes quand elles viennent porter plainte. Beaucoup ne se rendent pas compte du courage qu'il faut à ces femmes pour oser s'élever contre leur mari de manière officielle ! C'est par peur des représailles qu'une partie d'entre elles revient le lendemain pour retirer sa plainte. Il s'ensuit parfois une série d'allers et retours qui les fait passer pour des girouettes aux yeux des policiers qui finissent par les renvoyer.

Il faut les écouter et les encourager à aller jusqu'au bout de leur décision initiale en évaluant le danger qu'elles courent, d'où l'utilisation et l'importance de la grille d'évaluation de danger. On constate trop souvent des femmes venir porter plainte, suivies au commissariat par les maris convoqués pour un rappel à la loi, le tout se terminant dans un bain de sang parce qu'on les a laissées

---

* Ces lieux qui peuvent être une salle, un appartement ou une petite maison se trouvent dans les gendarmeries.

rentrer chez elles et qu'elles ont subi la vengeance de leurs tortionnaires.

J'insiste beaucoup sur la bonne utilisation de ce questionnaire, sur l'importance de le remplir avec la plaignante et pas toute seule dans la salle d'attente. Si elle écrit qu'elle se sent en danger de mort et que le policier récupère puis classe le questionnaire dans sa pile de documents, quel est l'intérêt d'instaurer une telle mesure ? Si, lors du dépôt de plainte, l'évaluation du danger avait été correctement prise en compte, plusieurs féminicides auraient pu être évités.

Il est ici aussi question de la façon d'annoncer à la famille le décès de la victime de violences. Me concernant, comme je l'ai dit, cela a été brutal et ma mère aussi aurait pu bénéficier d'un peu plus de délicatesse... Quoi qu'il en soit, la manière de parler aux victimes doit être revue et améliorée !

À ces gendarmes, j'ai raconté l'histoire de trois sœurs à qui on apprenait que leur mère venait d'être assassinée par leur père qui s'était suicidé tout de suite après. L'officier qui les a accueillies n'a rien trouvé de mieux que de s'exclamer : « Ah ben, il a eu les couilles de le faire ! » à quelques mètres du lieu du drame. Elles n'ont jamais su de quoi il parlait. Du meurtre de leur mère ou de son suicide ? On imagine la stupeur de ces jeunes filles...

C'est un vrai partenariat que nous avons bâti avec les gendarmes de la DGGN qui savent qu'ils peuvent diriger les familles de féminicide vers nous pour tout ce qui concerne l'accompagnement administratif et les questions qu'elles se posent sur la procédure – questions auxquelles les forces de l'ordre ne peuvent pas toujours répondre car tenues au secret de l'enquête et de l'instruction. Nous pouvons les décharger de toute cette partie. Mes amis de l'Association et moi sommes passés par là, on peut leur expliquer le déroulement des choses.

Encore une fois, tout ce dont j'aurais tellement aimé bénéficier quand ma sœur a été assassinée alors que je me suis sentie si démunie !

*

Le vendredi 26 novembre 2021, B., quarante-quatre ans, a été tuée à coups de couteau par son ex-mari. Elle rentrait chez elle à Épinay-sur-Seine, en Seine-Saint-Denis, après son travail. Depuis le mois de juillet, date à laquelle son ex-conjoint l'avait menacée, elle était équipée d'un téléphone grave danger. Il avait été incarcéré pour six mois et relâché plus tôt puis remis en cellule afin de terminer sa peine après l'avoir à nouveau agressée, menacée de mort et avoir violé son domicile.

Il aurait pu être l'un de ceux que je rencontre au SPIP et avec qui je dialogue… Un de ceux, malheureusement, à qui on ne peut rien faire entendre, car la jalousie les rend sourds et aveugles. Rien ne peut arrêter leur envie de tuer. C'est là justement que la société doit redoubler d'attentions et d'initiatives pour protéger leurs potentielles victimes. Puisque le drame était prévisible, on aurait dû pouvoir l'éviter.

En France, c'est là que le bât blesse. Il existe surtout une politique de répression : on punit les auteurs de violences mais pour les victimes, c'est trop tard.

Interrogés, les voisins de B. ont déclaré qu'elle regardait sans cesse autour d'elle, comme si elle craignait un danger : « Elle donnait l'impression de vivre dans une peur permanente. » Ce soir-là, elle se sentait sans doute plus détendue, elle avait laissé son téléphone grave danger à la maison. Sachant que son ex-mari était toujours en prison, elle ne pensait rien risquer. Or les juges et les policiers ne l'avaient pas informée qu'avec les remises de peine, son prédateur avait été libéré dix jours plus tôt, soit trois semaines avant sa date de sortie*. Pendant dix jours, personne n'a pris le temps de la prévenir. Il y a eu des failles dans la transmission des documents entre police et justice. Encore un dysfonctionnement qu'il faudra élucider : cette faute professionnelle grave a causé la mort de B.

Au juge, le meurtrier a dit être venu voir son ex-compagne « pour discuter ». Une simple discussion en vue de laquelle il s'était muni d'un couteau de cuisine acheté quelques heures plus tôt…

B. était la maman de deux filles de cinq et quatorze ans. Elle est la 104e victime par féminicide de l'année 2021.

---

* Un décret a été signé et est entré en vigueur le 1er février 2022 à ce sujet. À présent, la justice a obligation d'avertir la victime de la mise en libération d'un conjoint violent.

Depuis, il y a eu, le 29 novembre à Portel-des-Corbières près de Narbonne, M., trente-cinq ans, tuée à arme blanche par son compagnon. Le drame s'est produit au domicile du couple, dans la nuit, en présence de leurs deux enfants de sept et dix ans. À l'arrivée des gendarmes, ils étaient tellement choqués qu'ils ont dû être hospitalisés. Leur père a été arrêté peu après.

« Ce soir-là vers minuit, les services de gendarmerie ont d'abord été appelés pour une personne qui déambulait dans la rue et qui vociférait des paroles qui interrogeaient sur leur cohérence, et qui surtout présentait des taches de sang manifestes sur son corps », a raconté le procureur de la République de Narbonne. Au domicile du couple, les gendarmes ont ensuite découvert le corps de l'épouse baignant dans son sang.

À l'autopsie, on a vu que la victime portait la trace de trente impacts de couteau. Un véritable déchaînement. « Il ne devait pas être dans son état normal, ont dit les voisins. On ne comprend pas, ils s'aimaient. » Toujours le même refrain... Effectivement, le meurtrier était connu pour souffrir de troubles psychologiques depuis longtemps et il a été interné dans un établissement spécialisé.

M. est la 105e victime de féminicide de 2021.

La 106e victime est L., cinquante-trois ans, tuée de cinq coups de fusil le 2 décembre à La Ferrière-aux-Étangs dans l'Orne. Son compagnon l'a abattue à leur domicile. La victime avait bien tenté d'appeler les gendarmes à l'aide mais, à leur arrivée, elle gisait à terre comme son meurtrier qui s'est suicidé avec la même arme, une carabine 22 long rifle.

Selon la procureure, l'appel téléphonique a été très bref et la requérante n'a pas donné son adresse. Sans doute n'en a-t-elle pas eu le temps. Les gendarmes ont dit avoir senti dans sa voix le danger qu'elle encourait et ils n'ont pas eu de peine pour la localiser. Après enquête, on a appris par les proches que le couple était en instance de séparation : après vingt ans de vie commune, L. souhaitait quitter son conjoint. Comme on l'a compris, ce dernier n'a pas accepté sa décision...

La 107e victime est une femme de cinquante-neuf ans, assassinée par son mari, le 5 décembre, à Meaux, puis jetée dans la Marne. Le suspect s'est présenté spontanément au commissariat de la ville, accompagné par l'un de ses enfants âgé d'une vingtaine d'années. Il a expliqué avoir tué son épouse en l'étouffant avec un oreiller puis s'être débarrassé de son corps en le jetant dans la rivière. Là encore, la victime avait exprimé le désir de se séparer de son conjoint.

Selon son récit, « tôt le dimanche matin, il a tué son épouse avec laquelle il était marié depuis 1997, avant de jeter son corps dans la Marne », a indiqué la procureure dans un communiqué. Le journal *Ouest-France* précise que le meurtrier était cuisinier et qu'il est retourné travailler ensuite comme si de rien n'était...

Lors des interrogatoires, le suspect n'a pas été capable de donner d'explication concrète à son geste. Il était inconnu des services de police et de la justice et, selon le parquet, « aucune plainte ni main courante n'avaient été effectuées précédemment par la victime pour des faits de violences conjugales ». Au moment où j'écris, on n'a toujours pas retrouvé le corps de cette femme*.

Celle qui, dans cette liste macabre mais qui me permet de sortir ces victimes de l'anonymat, porte désormais le numéro 108, était une femme de cinquante ans qui vivait au Havre. Le 11 décembre, son conjoint l'a poignardée à mort à leur domicile. Une dispute aurait dégénéré... Interpellé peu après, il a été mis en garde à vue. Interrogée, la fille de la victime a indiqué que « hormis quelques disputes, sa mère ne lui avait jamais laissé entendre qu'elle pouvait être victime de violences conjugales ».

La 109e victime, K., avait quarante-trois ans. Le lundi 13 décembre à Sommepy-Tahure dans la Marne, elle a été poignardée à mort par son mari à leur domicile. Il lui a donné une dizaine de coups de couteau au buste et à la gorge alors qu'elle venait récemment de lui annoncer son intention de le quitter. Ensuite, l'homme a pris la fuite en voiture. Ils avaient trois enfants âgés de seize à vingt et un ans. Sur le chemin, le meurtrier a appelé l'aîné pour lui avouer son crime et lui dire qu'il n'irait pas en prison. Je ne sais pas si le jeune homme a compris ce que son père voulait lui dire... Peu après, celui-ci a volontairement encastré sa voiture sous un camion. Il est mort sur le coup.

---

* *Ouest-France*, 6 décembre 2021.

La liste de toutes ces histoires m'attriste et m'interroge. Chacune d'entre elles contient des éléments que ma sœur a vécus et toutes sont différentes, mais toutes s'achèvent de la même façon : la mort d'une femme qui a eu le courage de s'élever contre l'emprise, la jalousie, la tyrannie domestique.

*

Parfois, on me dit qu'on parle trop des femmes battues, des féminicides, qu'on va finir par s'habituer, mais je pense exactement l'inverse. On a assez murmuré la souffrance des femmes, on l'a suffisamment passée sous silence. Désormais, il faut que chacun l'entende et se sente concerné par le sort de citoyennes qui sont nos mères, nos sœurs, nos filles, nos amies.

C'est en en parlant haut et fort qu'on prend conscience de la gravité de la situation et des dysfonctionnements des institutions. C'est en intervenant souvent qu'on sensibilise les gens à ce problème insupportable. Ainsi, c'est en relayant les informations auprès des médias que les peines pour les tueurs ont été revues à la hausse dans les tribunaux car les jurés d'assises sont des gens comme vous et moi : peu à peu, ils ont compris que les féminicides n'ont plus à être cantonnés à la rubrique « faits divers », que chacun est concerné par cette forme de violence et qu'elle n'a aucune raison de perdurer.

11.

Après le Grenelle

Un an après le Grenelle où le Premier ministre avait annoncé tant de mesures (ce qui montre qu'il y avait beaucoup à faire), le 25 novembre 2020, à l'occasion de la Journée internationale pour l'élimination de la violence à l'égard des femmes, la ministre Élisabeth Moreno*, qui a succédé à Marlène Schiappa, a dressé un nouveau bilan du Grenelle.

À ce jour, a-t-elle constaté, sur les 46 mesures issues du Grenelle :

- 28 sont effectives, soit 61 % ;
- 18 sont en cours de réalisation, soit 39 % ;
- 100 % des mesures ont été engagées.

Les dix mesures d'urgence annoncées par le Premier ministre le 3 septembre 2019 ont toutes été mises en œuvre.

---

* Ministre déléguée auprès du Premier ministre, chargée de l'Égalité entre les femmes et les hommes, de la Diversité et de l'Égalité des chances.

Cet état des lieux pourrait nous réjouir mais, à l'Association, on voit surtout que le nombre de féminicides ne baisse pas de manière significative. Il y a eu encore beaucoup de femmes tuées par leur compagnon ou ex à la fin du décompte de l'année 2021*, plus d'une centaine, la période de Noël étant particulièrement propice aux « dérapages ». Pour mémoire, les chiffres des féminicides de ces dernières années sont les suivants** :

– 2015 : 115 victimes de féminicides ;
– 2016 : 109 victimes de féminicides ;
– 2017 : 109 victimes de féminicides ;
– 2018 : 121 victimes de féminicides ;
– 2019 : 146 victimes de féminicides ;
– 2020 : 102 victimes de féminicides.

Pour 2021, le résultat est proche de celui de 2015, mais surtout davantage que l'an dernier. Ce qui prouve que la politique gouvernementale actuelle en ce domaine demeure insuffisante.

En mai 2022, on pourra dresser le bilan global de ce qui aura été accompli par le gouvernement d'Édouard Philippe puis de Jean Castex concernant cette « grande cause du quinquennat ». Ainsi était-elle formulée...

Si certains résultats sont tangibles comme la mise en place, depuis 2020, de 35 structures supplémentaires pour la protection des familles ainsi que les 40 000 gendarmes formés à la violence intrafamiliale***, il reste

* Le chiffre définitif est mentionné en fin d'ouvrage.
** Chiffres donnés par le ministère de l'Intérieur.
*** Denis Mottier, lieutenant-colonel de gendarmerie, émission « L'Invité(e) des Matins », France Culture, 25 novembre 2021.

beaucoup d'efforts à faire concernant l'accueil des plaignantes et le traitement de leurs plaintes. Aujourd'hui, plus de 80 % des plaintes sont classées, ce qui ne signifie pas que les faits signalés n'ont pas eu lieu mais qu'il n'y sera pas donné suite faute de preuves. Des preuves qui, souvent, n'ont pu être apportées, les plaintes n'ayant pas été prises à temps. Ou parce qu'elles sont arrêtées au commissariat, la justice n'en ayant jamais eu connaissance.

Le drame d'Hayange (Moselle) en mai 2021, illustre pleinement le manque de coordination entre police et justice.

Dans la nuit du 23 au 24 mai 2021, la jeune S. a été assassinée à coups de couteau par son compagnon. Elle est morte devant le commissariat où elle venait chercher de l'aide. Sans doute espérait-elle aussi procéder à un nouveau signalement. Un de plus.

On a dit aux femmes « Il faut parler, mesdames », et elles le font. Il y a quelques années, on pouvait leur reprocher de rester dans le silence mais ce n'est plus le cas à présent. Pour quel résultat ?

En janvier 2020, S. avait déposé une main courante contre son conjoint et porté plainte en novembre de la même année : « Les deux [signalements] faisant état de violences verbales ou de harcèlement ou de menaces de mort », selon le procureur de la République*. Police Secours était intervenue à de multiples reprises au domicile du couple, appelée par leurs voisins. On ne sait pas

* Site internet 5minutes.rtl.lu, 27 mai 2021.

quelle suite a été donnée à ces signalements, sans doute aucune puisque le procureur a expliqué que ni la plainte ni la main courante n'avaient été « portées à la connaissance de l'autorité judiciaire ». Malgré neuf mentions inscrites à son casier judiciaire, dont deux pour des faits de violences remontant à 2015, le suspect n'était « pas identifié judiciairement parlant comme un conjoint violent », a constaté le magistrat…

Dix jours avant le drame, le conjoint de S., qui purgeait une peine d'un an d'emprisonnement pour des délits routiers, a bénéficié d'un aménagement de peine, au domicile conjugal, sous surveillance électronique. Il portait un bracelet anti-rapprochement à la cheville*.

Une mesure jugée aberrante par la meilleure amie de la victime qui connaissait le caractère violent du meurtrier : « Je ne comprends pas comment on a pu accorder à ce monsieur une liberté sous surveillance chez S. […] Le suivi n'a pas été fait correctement », a-t-elle déclaré.

Ce qu'a confirmé le procureur de la République, dans une constatation honnête de sa part mais qui fait froid dans le dos : « S'il avait été "identifié" comme un conjoint violent, le suspect n'aurait pas reçu un aménagement de peine au domicile conjugal », a-t-il déploré.

S. avait vingt-deux ans. C'est terrible de savoir qu'elle a couru dans la rue pour fuir son mari, qu'il l'a rattrapée et assassinée en face du commissariat. Si elle avait pu

* Pour la petite histoire, le rapport de la mission d'inspection mentionne que l'homme a arraché son bracelet électronique sans qu'aucune alarme ne se déclenche pour autant du côté de la police…, *Le Journal de Saône-et-Loire*, 3 juillet 2021.

trouver refuge auprès d'un policier, elle ne serait pas morte. Mais, non. Cette nuit-là, tout s'est ligué contre elle et elle s'est heurtée à des portes closes. Le commissariat était fermé.

En juillet 2021, le rapport de la mission d'inspection de fonctionnement a déclaré ne pointer aucune erreur ou manquement professionnel dans cette affaire. Il a juste souligné l'urgence d'une meilleure coordination, sans oublier les effectifs « manifestement insuffisants » à Hayange. Est-il normal qu'un commissariat ferme ses portes la nuit ?

À l'Union nationale des familles de féminicide, le cœur de notre combat concerne le statut de ces victimes. En France, les orphelins, les proches de féminicides ne sont toujours pas considérés comme victimes et n'ont aucune aide, excepté s'ils habitent en Seine-Saint-Denis ou à Lyon. Il existe dans ces deux départements ce que l'on appelle « le protocole féminicide* » qui permet à l'enfant témoin du meurtre d'un de ses parents par l'autre d'être pris en charge immédiatement et sur la durée, ainsi qu'aux personnes qui recueilleront l'enfant d'être évaluées pour être jugées aptes à le faire. Une mesure relativement simple à mettre en place.

---

* Ce dispositif prévoit le placement provisoire en urgence des enfants suite à un féminicide. Ceux-ci sont confiés aux services de l'Aide sociale à l'enfance pour évaluation, et hospitalisés en pédiatrie avec des soins en pédopsychiatrie pour une durée de trois à huit jours. Les droits de visite sont suspendus pendant cette durée afin d'évaluer à qui confier l'enfant : famille biologique, famille d'accueil, foyer, etc.

Pourquoi un tel protocole n'est-il pas présent dans toute la France ? Édouard Durand, juge pour enfants, et Ernestine Ronai qui sont à l'origine de ce protocole se battent pour qu'il soit étendu à tous les départements. Questionné à ce sujet, Adrien Taquet, secrétaire d'État chargé de l'Enfance et des familles, nous a promis pour fin 2022 une généralisation sur tout le territoire des Unités d'accueil pédiatriques d'enfants en danger (UAPED)*.

C'est une belle promesse mais il faut aller beaucoup plus loin et créer un véritable statut pour ces victimes particulières. Notre Association et beaucoup d'autres n'arrêtent pas d'interpeller les politiques à ce sujet. En vain. Et c'est d'autant plus incompréhensible que les droits de l'enfant ont été revus à la hausse depuis quelques années. Début juin 2021, une pétition a été lancée (avec *Simone Media* et *Femme actuelle*) pour interpeller le président de la République sur l'urgence de créer un statut de victime pour les enfants et la famille des femmes victimes de féminicides. Que les choses soient organisées autour d'elles « de manière mécanique et encadrée** ».

Peut-être nos politiques devraient-ils regarder davantage comment procèdent nos voisins ? En Italie, depuis

* Lieux spécifiques où les enfants victimes de violences sont accueillis et écoutés par des professionnels de santé, des psychologues et des policiers ou gendarmes formés à la libération de la parole de ces enfants.
** Site internet www.femmeactuelle.fr, « Le Mag », 7 juin 2021.

2018, les familles des femmes assassinées par leur compagnon sont considérées comme des victimes à part entière et prises en charge psychologiquement. « Une loi dite "des orphelins de féminicides" prévoit plusieurs dispositions pour protéger les enfants, mineurs ou adultes. Sur le plan judiciaire, ils bénéficient de l'aide juridictionnelle, quels que soient leurs revenus. En outre, le règlement des frais du préjudice subi par les victimes est anticipé, avant même l'issue du procès, le cas échéant. Les orphelins bénéficient également d'une prise en charge, d'un accompagnement dédié notamment pour garantir le droit à l'éducation ou au travail des jeunes victimes. Ils ont également droit à une assistance psychologique et médicale gratuite. La loi stipule également que les relations affectives entre l'orphelin et sa famille proche doivent être maintenues. Une enveloppe budgétaire couvre les frais d'assistance psychologique et sanitaire, les éventuelles bourses d'études ou le financement de la réinsertion professionnelle. Enfin, les enfants dont la mère a été assassinée par leur père ont le droit de changer de nom de famille*. »

Une loi spécifique consacrée aux orphelins de féminicides, une prise en charge de ces victimes dont l'Italie peut s'enorgueillir même si le chiffre annuel des féminicides reste malgré tout très important. En 2020, il était de 67 et en mai 2021, il atteignait déjà le chiffre de 35…

L'intérêt que l'Italie porte à ses victimes pointe, en comparaison, les manquements de la France concernant

* Voir www.femmeactuelle.fr, 7 juin 2021.

la violence faite aux femmes en général et envers les victimes collatérales.

Notre pays a d'ailleurs été rappelé à l'ordre par le Conseil de l'Europe à ce sujet. En novembre 2019, un rapport sans concession montre combien les mesures françaises en ce domaine sont insuffisantes. Il souligne tout ce que nous continuons à dénoncer aujourd'hui :

– le manque d'hébergements et de centres d'aide d'urgence pour les victimes ;

– la définition du viol dans le code pénal décrite comme problématique ;

– la tendance à requalifier les crimes de viols en agressions sexuelles ;

– le manque de soutien aux proches de victimes (particulièrement les enfants) ;

– ou encore, l'inapplicabilité de l'ordonnance de protection à toutes les formes de violence en dépit de ce que préconise la convention d'Istanbul*.

Comment l'Espagne, notre autre voisine, gère-t-elle ce problème ? Vu la culture, la manière de vivre des Espagnols, on pourrait imaginer que leur chiffre annuel de féminicides est sensiblement le même que le nôtre... Il n'en est rien, et de loin ! En quinze ans, le nombre

* La Convention du Conseil de l'Europe sur la prévention et la lutte contre la violence à l'égard des femmes et la violence domestique ou « Convention d'Istanbul » est un traité international du Conseil de l'Europe, amenant les États signataires à s'entendre pour l'élimination de toutes les formes de violences envers les femmes, y compris la violence conjugale et familiale (adopté en avril 2011 et entré en vigueur en août 2014).

de féminicides a presque été divisé par deux, passant de 71 femmes tuées en 2003 à 47 en 2018 ! Il faut dire qu'en Espagne la violence contre les femmes est « grande cause nationale » depuis des années – ce qui n'est pas notre cas.

Ni mystère ni miracle dans ce « bon » résultat mais une véritable volonté politique de faire changer les choses : depuis 2004, le gouvernement espagnol a pris le problème à bras-le-corps en faisant voter une loi pionnière dans ce domaine. Cette loi inclut des mesures importantes visant à protéger et à assister les victimes. C'est ainsi qu'une centaine de tribunaux spéciaux, avec des compétences civiles et pénales, ont été créés, dédiés uniquement aux affaires de violences faites aux femmes. Au cas où la victime serait réticente à porter plainte, l'État peut le faire à sa place. Les juges disposent alors de soixante-douze heures maximum pour instruire le dossier, et le procès doit se tenir dans les quinze jours qui suivent.

La législation espagnole devrait nous servir d'exemple en la matière. En 2019, la garde des Sceaux, Nicole Belloubet, avait été obligée de le reconnaître : « L'Espagne protège mieux les victimes : nous délivrons 3 000 ordonnances de protection. En Espagne, [...] c'est plus de 10 000 qui sont délivrées chaque année. Nous devons monter à ce niveau de protection. » Elle oublie de dire qu'en France on manque cruellement de magistrats. Alors qu'il y a eu une hausse de 30 % de violences conjugales, le nombre de magistrats, lui, n'a pas augmenté ; d'où les jugements des auteurs de violences intervenant un an et demi, et parfois plus, après les faits.

Concernant la mise en place de ces ordonnances de protection (mesure qui permet à la justice d'interdire au mari violent d'approcher sa victime), on pourrait croire qu'on a bien avancé sur la question puisque les délais d'obtention ont été réduits à six jours après la plainte et les violences reconnues. Le problème, c'est qu'une fois délivrée, on n'a pas les moyens humains pour vérifier si l'ordonnance est bien respectée !

Il semble également que les mesures coercitives prises à l'encontre de ces hommes fonctionnent beaucoup mieux qu'en France. « En Espagne, depuis 2009, les conjoints violents sont placés sous surveillance grâce à l'introduction de bracelets électroniques. Près de 1150 hommes portent un bracelet électronique en Espagne. [...] En France, si la loi prévoit ce type de dispositif, il n'est applicable qu'après une condamnation, ce que regrette Nicole Belloubet*. »

Mais, surtout, la grande différence avec la France réside dans le budget alloué à la lutte contre ce problème social. L'Espagne investit 1 milliard d'euros dans la protection des femmes battues**.

Douze fois plus qu'en France*** !

Lorsque l'on compare les pays européens entre eux, on constate que la France est l'un des pays les moins bien placés dans le classement. Elle se positionne

* LCI, 8 juillet 2019.

** Liberation.fr, « Checknews », 20 juillet 2019.

*** Selon le Haut Conseil à l'égalité entre les femmes et les hommes (HCEFH), les moyens, aujourd'hui, s'élèvent plus ou moins à 79 millions d'euros par an ; LCI, 22 novembre 2018.

avant-dernière devant l'Allemagne, l'un des plus mauvais élèves de la classe. D'après les données du groupe Eurostat*, rien qu'en 2017, 189 cas de féminicides ont été recensés en Allemagne qui est le pays européen avec le taux le plus élevé de meurtres de femmes (France, 123 ; Angleterre, 87 ; Italie, 65 ; Espagne, 54 ; Pays-Bas, 21)**. Pire, en 2019, une étude a avancé le chiffre de 251 féminicides. Et les policiers allemands ne classant pas les violences « par motif », peut-être les victimes sont-elles encore plus nombreuses que ce chiffre avancé ? Il semble que dans ce pays la violence soit liée à une inégalité de statut : une grande partie des femmes allemandes ne travaillent pas à l'extérieur de chez elles, ou à temps partiel. Malgré l'attribution de 35 millions d'euros par Angela Merkel pour le financement d'une campagne de sensibilisation et la création de places d'hébergement, l'évolution positive reste très lente.

---

* Eurostat est une direction générale de la Commission européenne chargée de l'information statistique à l'échelle communautaire.

** *Le Journal international*, 11 mai 2020.

12.

En famille

Le père de Cloé ayant été déchu de son autorité paternelle à la fin de son procès, le 15 janvier 2020, la délégation que j'avais dans l'attente de son jugement est tombée en désuétude. Pendant un temps, personne n'avait l'autorité parentale sur Cloé. Il a donc fallu réunir un conseil de famille pour qu'il se prononce sur ma demande d'adoption. En attendant que le juge des tutelles tranche, chacun était invité à dire ce qu'il en pensait.

J'avais informé par courriel les parents de Christophe de mon désir d'adoption et de la mise en place d'une tutelle, en précisant évidemment qu'il s'agissait du choix de Cloé. Leur réponse m'avait abasourdie : « Nous accusons réception avec tristesse et douleur du courriel… Nous sommes peinés de votre décision d'adopter Cloé, ainsi que de la rupture des liens avec sa famille paternelle… »

Pourquoi « tristesse et douleur » puisqu'il s'agissait du souhait de ma nièce et que Christophe avait dit être content que sa fille soit chez nous ? Il l'avait déclaré au moment du procès, me remerciant publiquement de « prendre soin de Cloé ». Les parents de Christophe déploraient également la lourdeur des formalités administratives. Comme si j'en étais responsable !

Dans le mail, ils écrivaient à deux reprises qu'eux, grands-parents, n'avaient commis aucun crime. Certes, mais plutôt que cette complainte, j'aurais aimé y lire un mot de regret pour ce que leur fils avait fait à ma sœur, qu'ils expriment un peu d'empathie à l'égard de ma mère qui ne se remettra jamais d'avoir perdu sa fille la plus jeune. Mais, non, rien.

Concernant la « rupture des liens », je tiens à préciser qu'au début, j'avais accepté que Cloé passe la moitié de ses vacances chez ses grands-parents paternels, mais j'avais pu constater qu'elle n'était pas très bien lorsqu'elle revenait. Un jour, elle était rentrée avec, dans sa valise, une photo grand format de ses parents en train de s'embrasser, je n'avais pas trouvé cela très opportun. Tout de même, on ne pouvait pas faire comme s'il ne s'était rien passé !

Mais c'est autre chose qui a fini par me poser vraiment problème.

Un jour, revenant de chez ses grands-parents paternels, Cloé avait partagé une réflexion étrange :

— Tata, tu ne l'aimes plus mon père ?

— Mais... non, Cloé, ce n'est pas que je ne l'aime plus, c'est que je suis très très en colère contre lui...

— Tu sais, il ne faut pas que tu sois fâchée contre papa, parce que c'est un accident, il l'a pas fait exprès...

Ce mot « accident », elle ne l'avait jamais employé avant. Quelqu'un le lui avait donc soufflé. J'ai voulu tout de suite mettre les choses au point :

— Écoute, Cloé, j'ignore si c'était un accident, moi je n'étais pas là, je ne sais pas ce qui s'est passé. Mais toi, tu étais là, qu'est-ce que tu en penses, TOI ?

Et là, Cloé m'avait répondu du tac au tac :

— Mais moi je sais que c'est pas un accident !

— Et pourquoi ?

— Parce que papa a dit à maman qu'il allait la tuer !

— Eh bien, voilà ! La seule qui sait aujourd'hui, c'est toi. Donc, ne te laisse pas influencer par ceux qui n'ont rien vu…

Il se produisait ce que je redoutais tant pour la mémoire de ma sœur : l'histoire était réinventée, les faits falsifiés. Pour notre famille, c'était insupportable.

Un jour, d'elle-même, ma nièce m'a demandé à ne plus aller chez ses grands-parents paternels. « Ils me parlent trop de papa… », m'avait-elle expliqué. Ce dont je me doutais. J'ai donc pris la décision de ne plus l'y envoyer. Nous étions, à ce moment-là, avant le procès de son père et j'avais l'autorité parentale pour le faire :

— D'accord, tu n'iras plus, ai-je dit à Cloé. On verra après le procès ce que le juge décidera…

Au cours du procès, j'ai appris que les parents de Christophe faisaient arriver chez eux du courrier de leur fils auquel Cloé devait répondre quand elle était avec eux. Bien sûr, je n'avais aucune visibilité sur ces échanges de lettres.

Aujourd'hui ma responsabilité en tant que tutrice de Cloé est de la protéger avant tout.

*

Cela fait bientôt quatre ans que ma nièce vit avec nous. J'avais promis à Ghylaine de veiller sur elle et je savais que Cloé serait bien à la maison, qu'elle y grandirait heureuse, aimée comme ma propre fille. Assez vite, Cloé m'a demandé si elle pouvait m'appeler « maman » ; j'ai préféré qu'elle continue à me dire « tata », comme avant : « Je serai toujours là pour toi, tu le sais, mais dans ton cœur je ne peux pas remplacer ta maman. Une maman, on n'en a qu'une et, même si elle n'est plus là physiquement, la tienne existera toujours dans tes pensées. »

Elle était bien d'accord.

Ainsi que je le disais, la juge des enfants a pris plusieurs semaines avant de décider si la garde m'était accordée. Je m'attendais donc à être interrogée, testée, mise à l'épreuve. Pas du tout. Hormis le fait d'en avoir exprimé très fortement la demande, j'ignore sur quels critères s'est fait le choix de la juge.

Après avoir vécu cette épreuve épouvantable, j'ai compris l'importance d'évaluer les personnes à qui doit être confié un enfant dont le père a tué la mère. Encore une fois, je ne parle que de ce que je connais, à savoir les féminicides. Je suis l'aînée de ma fratrie, psychologiquement la plus solide de nous tous et je suis heureuse que la justice m'ait entendue. En revanche, si elle avait préféré confier ma nièce à ma mère, je sais que celle-ci n'aurait pas pu s'en occuper. Elle était en état de détresse émotionnelle, trop détruite elle-même pour faire face à la souffrance de sa petite-fille. Quatre ans après, ma mère reste extrêmement fragile : au seul énoncé du prénom de Ghylaine, elle peut encore fondre en larmes.

L'évaluation est donc une question capitale. Elle se pose de la même façon pour les fratries qui se retrouvent du jour au lendemain sans parents suite à un féminicide. On peut s'émouvoir que certains frères et sœurs soient parfois séparés au moment d'être placés en foyer, ou en famille d'accueil, mais ce n'est pas toujours une mauvaise chose. J'ai vu trop souvent des grands frères ou des cadets reproduire la violence du père et tyranniser les plus petits de la fratrie. Pour éviter ce schéma de répétition, il faut pouvoir évaluer au cas par cas. Dans ces problèmes d'enfants victimes, on ne peut pas généraliser les décisions, tout est cas particulier.

Bien que mes enfants adorent leur cousine qui le leur rend bien, la cohabitation n'a pas toujours été simple au début. Lorsque Cloé est arrivée chez nous, Guillaume, l'aîné, toujours très taquin, a continué à avoir le même rapport avec sa cousine. Quant à Luca qui n'a qu'un an de plus que Cloé, il est devenu très protecteur et attentionné envers elle. Quand, au lieu de ranger sa chambre comme je le lui avais demandé, elle regardait la télévision, il pouvait la ranger à sa place pour lui éviter d'être grondée ; quand elle s'énervait parce qu'elle ne retrouvait pas ses affaires, il les cherchait pour elle... Il était aux petits soins pour sa cousine, comme s'il voulait effacer le mal qu'on lui avait fait.

Avant l'arrivée de ma nièce sous notre toit, Luca était le « bébé de la famille » et il ne cédait pas cette place de gaîté de cœur, d'autant que Cloé était très en demande d'amour, de câlins. Le déséquilibre affectif causé par la disparition simultanée de ses parents la rendait extrêmement pressante. Elle était collée à moi, avait sans cesse besoin d'être rassurée, elle me disait des « je t'aime » à répétition, etc. On aurait dit qu'elle avait peur qu'on l'oublie au milieu des autres !

Je comprends que Luca ait été déstabilisé et inquiet. Même s'il comprenait, il s'est senti en danger. On lui volait sa maman !

Dormant dans la même chambre (ce que Luca avait voulu, laissant l'autre chambre à son frère aîné), il a fallu qu'il partage son espace, ses jouets, ses affaires et, au début, Cloé a pris beaucoup de place ! Lui, était plutôt silencieux, réservé, secret. Elle, était remuante, bruyante, exubérante comme si elle avait besoin de montrer qu'elle existait. Deux tempéraments diamétralement opposés : une tornade face aux eaux tranquilles d'un étang !

C'étaient les premiers pas d'une cohabitation, la phase d'approche. Il a fallu une année pour qu'ils s'apprivoisent, qu'ils comprennent le fonctionnement de l'autre. Cloé, qui n'avait ni frère ni sœur, a dû apprendre à vivre avec deux garçons, à partager, à se supporter, à faire des compromis. Aujourd'hui, Cloé et Luca ont onze et douze ans, ils sont comme frère et sœur et mon fils est resté très protecteur envers elle.

Certains jours, elle avait tendance à se faire plaindre, à pleurnicher, à jouer le « Calimero », surtout quand elle avait fait des bêtises, la chipie, mais je ne voulais pas tomber dans ce piège qu'elle me tendait pour tester mon amour pour elle. Quand elle a vu que ça ne prenait pas, et pas davantage avec Anthony, elle a arrêté. Cloé est éduquée de la même manière que mes deux garçons, sans faire référence à son passé, et je pense que c'est ainsi que nous avons pu tenir à distance le drame qu'elle a vécu.

Il n'a pas été évident de raconter à Luca ce qui s'était passé entre Ghylaine et Christophe le soir du drame. Il le fallait car la psychologue m'avait prévenue : « Cloé a tout vu, elle va en parler à un moment ou un autre, forcément. Si votre fils doit être informé, mieux vaut qu'il le soit par vous... » Au début, j'avais parlé d'un incendie sans plus de précisions. Là, j'ai tout raconté, en évitant évidemment les détails scabreux qui auraient pu le choquer. Luca est resté silencieux, hochant la tête de temps à autre, et il n'a posé aucune question.

C'est un petit garçon très sensible et, comme Ghylaine, toujours dans l'empathie. Raison pour laquelle, l'année dernière, il a souhaité revoir le psychologue qu'il avait déjà consulté un an plus tôt pour évoquer la tristesse qu'il éprouvait à nouveau pour ce qui était arrivé à sa cousine. Je pense qu'en grandissant il a pris un peu plus conscience qu'on pouvait perdre ses parents du jour au lendemain, et il avait besoin d'en parler.

Cloé a vu une psychologue pendant trois ans à raison d'une séance tous les quinze jours, puis une par mois. Ce travail l'a bien aidée à panser ses blessures, à se reconstruire, à se construire, plus simplement, puisqu'elle n'avait que sept ans au moment du drame : « La psychologue m'a fait revenir dans le monde des enfants d'où j'étais sortie. J'aurais jamais dû voir "ça" », m'a-t-elle confié.

Un jour, elle a demandé à arrêter la psychothérapie, m'assurant qu'elle se sentait mieux. Ces entretiens devenaient un peu lourds pour elle et revenir sans cesse à cet événement tragique la rendait triste. « Maintenant, je peux me passer de la psychologue… Le mercredi après-midi, je préfère m'amuser avec mes copines ! », m'a-t-elle expliqué. C'était plutôt bon signe !

J'ai voulu parler avec une thérapeute pour partager mon inquiétude de l'avenir ayant entendu parler d'un « effet retard ». Elle m'a rassurée tout de suite :

— Cloé va bien. Votre famille est solide et aimante, elle s'y sent bien. Ne craignez pas forcément un « effet retard » du choc qu'elle a subi. Il n'existe pas de fatalité et elle a toutes les chances de grandir, de se développer comme n'importe quelle fillette de son âge…

Avec Cloé, j'ai conclu un pacte de confiance : celui de toujours lui dire la vérité. Même si elle est dure à entendre, elle sait que je ne lui mentirai jamais. Je pense que cette transparence la rassure. Comme le fait de répondre à ses questions. Je ne les devance pas mais je n'en élude aucune.

Quand Cloé a été un peu plus grande, nous avons parlé des comportements violents chez les hommes. Il me semblait important de lui expliquer que tous ne l'étaient pas. Elle pouvait le vérifier au quotidien avec mon compagnon et mon frère David. Je voulais qu'elle continue à être vigilante, comme tous les enfants doivent l'être à l'égard des adultes, surtout avec ceux qu'elle ne connaît pas, sans devenir méfiante ou craintive en leur présence.

Cloé a presque tout perdu dans l'incendie de l'appartement, elle n'avait plus de vêtements, ni d'effets personnels, et ce qui n'avait pas brûlé était noir de suie.

De toute façon, je n'avais pas très envie que certains vêtements sauvés du désastre lui rappellent le passé. Mieux valait faire table rase des choses matérielles. On a tout racheté ensemble et c'était bien ainsi. Il y avait un parfum de nouvelle vie, comme un nouveau départ à la voir porter des vêtements que nous ne lui connaissions pas.

En quittant Le Plessis-Robinson pour venir vivre à Boulogne-Billancourt, Cloé a dû changer d'école. Comme on l'imagine, ce n'est pas facile de changer d'établissement deux mois après la rentrée, d'arriver dans un lieu où on ne connaît personne. Heureusement, Luca était dans la même école, ce qui a beaucoup rassuré Cloé : en cas de problème, elle pouvait compter sur lui.

Au préalable, j'avais informé la direction de la raison pour laquelle Cloé arrivait avec deux mois de retard. J'ai raconté ce qui s'était passé afin que sa maîtresse soit armée au cas où des questions, certaines situations mettent Cloé en difficulté.

Quelques jours après son arrivée dans l'établissement, la maîtresse de Cloé lui a demandé si elle acceptait d'expliquer à sa classe de CE1 pourquoi elle avait changé d'école. Précéder les questions, c'était désamorcer un malaise éventuel, des réflexions blessantes, pensait-elle. Si ma nièce s'y était opposée, le secret de son histoire aurait été gardé, mais il se trouve que Cloé avait envie d'en parler. Elle a accepté tout de suite.

Je n'ai pas assisté à cette « séance » si particulière mais je sais que Cloé a montré un sacré courage. J'imagine combien il en a fallu à une petite fille de sept ans pour raconter une telle histoire devant tous ces visages inconnus !

La raison pour laquelle ma nièce avait tant envie de parler c'est qu'à l'époque, un mois après le drame, elle ne voyait toujours pas de psychologue et qu'il est parfois plus facile de se confier à un inconnu (surtout s'il s'agit d'un médecin) qu'à ses proches. N'ayant aucune connaissance en la matière et n'étant aidée par personne, je n'avais pu trouver de thérapeute que le mois suivant.

La confession publique de Cloé n'a pas provoqué d'incompréhension ni de désapprobation. « Au moins, m'a-t-elle dit, on ne m'a pas rejetée pour ce qu'a fait mon père… » C'était sa crainte et on connaît la cruauté des enfants. Au fil des jours, elle s'est trouvé des petites copines bienveillantes, il n'y a eu aucun problème. En cela, l'école l'a très bien entourée.

Nouvelle école, nouvelle ville, nouvelle vie pour notre petite Cloé. Elle connaissait bien notre famille, elle savait que chez nous c'est plutôt moi qui représente l'autorité – un costume pas toujours facile à endosser même si c'est mon caractère qui a défini cette fonction au sein de la maison. N'oublions pas que je suis fille de militaire, plutôt « carrée », entière, et toujours juste, me semble-t-il. Je râle volontiers mais pour que mes enfants soient punis il en faut beaucoup ! Dès l'instant qu'ils sont respectueux et polis, tout va bien.

À la maison, les enfants vivent sans pression, sans peur, dans une ambiance détendue. Anthony est quelqu'un de calme qui ne hausse jamais le ton mais sait se fait entendre quand il le faut. Cloé l'écoute et elle tient compte de ses remarques. Je vois qu'elle apprécie la manière qu'il a de la responsabiliser, de la traiter comme une grande. Et, forcément, je repense à elle, plus petite, quand il lui fallait la permission pour tout. Son père la considérait comme un bébé, il ne lui laissait rien faire, rien décider. Je m'en suis rendu compte lorsqu'elle est venue vivre avec nous : Cloé avait un déficit de confiance, elle n'osait prendre aucune initiative. Je me souviens qu'à sept ans elle ne savait pas se doucher sans un adulte près d'elle, il a fallu que je lui montre et que je lui explique qu'à cet âge on doit faire sa toilette seule.

Prendre une douche, mettre le couvert, passer l'aspirateur, nouer ses lacets... il y avait tant de gestes simples du quotidien qu'elle aurait pu faire seule mais qu'on lui interdisait ! Là encore, je suis sûre que Ghylaine était sous emprise, qu'elle élevait son enfant comme son compagnon l'exigeait. Elle la couvait beaucoup trop. Combien de fois ai-je dit à ma sœur de la laisser vivre, de la laisser grandir !

J'ai été sidérée, par exemple, de constater que Cloé ne savait pas faire de vélo sans petites roulettes à l'arrière. À sept ans ! C'est Anthony, mon conjoint, qui le lui a appris. Chaque fois qu'elle n'osait pas faire quelque chose, il lui disait : « Vas-y ! Essaie ! Si tu n'y arrives pas, je suis là. » Très vite, elle a pris de l'assurance, heureuse de nous montrer des talents qu'elle-même ne soupçonnait pas. Heureuse de devenir autonome, tout simplement.

Elle ne savait rien faire d'elle-même et elle ne s'en rendait pas forcément compte puisque ses parents avaient toujours précédé ses actes en exécutant les gestes pour elle. Depuis qu'elle vit à la maison elle apprécie la liberté qui y règne : « Chez nous, c'était plus strict... Mon père, surtout... », m'a-t-elle dit un jour. Ça, je m'en étais aperçue...

Cloé a appris en nous regardant faire, une notion inédite pour elle. Ensuite, on l'a laissée se débrouiller afin qu'elle trouve sa place. J'ai élevé mes enfants en les responsabilisant, en leur disant qu'ils avaient le droit de se tromper et même de mal faire. C'est ainsi qu'on progresse. C'est ainsi que Cloé a pris de l'assurance.

*

Aujourd'hui, Cloé est une petite fille de onze ans, curieuse de tout, pleine de vie et très joyeuse, des qualités qu'elle avait avant et qui, heureusement, n'ont pas disparu ! Elle est au collège, en 6e, et c'est une très bonne élève qui, plus tard, aimerait soigner les animaux.

Depuis septembre 2017, notre vie a changé et plus encore pour moi que pour les autres membres de la famille puisque j'ai quitté mon précédent métier afin d'aider les femmes victimes de violences conjugales. Cloé le sait et, par la force des choses, connaît le mot « féminicide » contrairement aux enfants de son âge, bien que, dit-elle, « je ne devrais pas le connaître, je suis dans ma phase d'enfant » ! Une phrase qui revient souvent dans sa bouche. Elle se protège et je trouve cela bien.

Elle était près de moi le 20 novembre 2021 dans la manifestation pour dénoncer les violences faites aux femmes. J'étais émue de la voir marcher derrière notre banderole, sous le visage de sa maman.

Depuis quatre ans, mon entourage me demande de ses nouvelles avec, parfois, une pointe d'inquiétude dans la voix. Je les rassure, Cloé va bien. Elle semble sereine, elle dort bien et elle ne fait pas de cauchemars. Bien sûr, je reste vigilante mais je ne veux pas non plus la guetter du coin de l'œil, la surveiller comme le lait sur le feu. Elle n'est plus cette petite fille « sous cloche », elle doit pouvoir se sentir libre de ses mouvements comme tous les enfants de son âge.

J'imagine que la prise en charge très rapide de Cloé après le drame, le fait, évidemment, qu'elle nous connaisse bien, que nous ayons beaucoup parlé ensemble, que j'aie expliqué, réconforté a apaisé ses angoisses et amoindri le traumatisme. Mais il y a une blessure, évidemment, qu'elle apprendra à consoler en grandissant. Je fais confiance à sa nature positive, sa forte personnalité, sa grande maturité.

D'une façon générale, elle parle peu de son père. Le verdict du juge a calmé son questionnement, comme si le chapitre était clos. Je sais qu'elle lui en veut énormément. Après le drame, elle m'a dit qu'il lui arrivait de faire des fautes en orthographiant son nom de famille, ce qui n'était jamais arrivé avant. Les jours, les mois passant, et sans que personne ne le lui dise, elle a cessé de l'inscrire sur ses copies d'école. Elle écrit juste le nom de sa mère : Bouchait.

J'y ai vu comme un premier signe de résilience, le désir de supprimer le négatif pour avancer.

— Les mauvaises choses, je ne les retiens pas, m'a-t-elle dit un jour. Parfois, je suis triste mais je suis plus forte maintenant puisque je m'en suis sortie. Et cette force, je la sens vraiment en moi…

Un soir, Cloé m'a posé cette question étrange :

— Tu crois qu'il ira en enfer, mon père ?

Si j'avais écouté mon cœur et ma colère, j'aurais répondu spontanément qu'il pouvait même y brûler pour l'éternité ! Mais je ne veux penser qu'au bien-être de ma nièce. Elle a assez souffert, je n'ajouterai pas de haine à son chagrin, au manque qu'elle a de sa maman et, j'imagine, parfois aussi de son père. En tout cas, du papa d'avant. J'ai préféré lui répondre avec une note d'espoir :

— Tu sais, tant qu'il est vivant, il peut se faire pardonner…

Mon pardon, Christophe ne l'aura jamais et ma nièce le sait. La psychologue m'a expliqué qu'il ne fallait pas lui dissimuler le fond de ma pensée. Cloé sait ce que je pense mais je ne lui imposerai rien. En grandissant, elle se fera sa propre opinion toute seule…

Au mois de juillet 2021, je suis passée devant le juge des tutelles pour la constitution d'un conseil de famille, préalable à la désignation d'un tuteur légal pour Cloé en vue de son adoption. J'ai informé la famille de Christophe de la tenue de cette audience mais elle ne s'est pas manifestée. À l'unanimité, ce conseil, en l'occurrence, ma mère, mon frère, mon fils aîné et le juge des tutelles, a accepté que je devienne la tutrice légale de Cloé. Dans la foulée, j'ai demandé le droit d'adopter ma nièce et tout le monde a voté pour.

Le 1er février 2022 a eu lieu l'audience où le vœu de Cloé le plus cher s'est concrétisé ! Cloé et moi sommes passées devant un juge pour expliquer officiellement pourquoi nous souhaitons cette adoption, pourquoi ma nièce veut l'être par moi et pourquoi elle souhaite changer de nom. Début avril, le juge a donné sa décision. À ce moment-là, Cloé est devenue ma fille, exactement au même titre que mes enfants.

Il y a à peu près trois ans maintenant que Cloé me demande de l'adopter (« mille jours », m'a-t-elle dit, comme si elle les comptait...) mais je ne pouvais entamer la procédure avant le procès de son père. Elle a été très insistante, disant qu'elle voulait se sentir « normale, comme les autres ». Elle était pressée, dit-elle, d'avoir des frères et de devenir la tante du petit garçon que mon aîné venait d'avoir. Ce « surplus » de famille la rend très heureuse. Après avoir perdu tous ses repères, elle voulait s'en recréer une.

L'adoption a comblé un manque qu'elle ressentait en elle : « J'ai perdu quelqu'un et il fallait au moins plusieurs personnes pour remplir ce grand vide... », m'a-t-elle expliqué.

Noël vient de passer. Ce n'est pas la période la plus difficile pour Cloé car, chaque année, nous sommes tous ensemble chez ma mère, l'ambiance est aux rires, aux cadeaux… En revanche, le 24 septembre demeure une journée triste pour ma nièce, de même que la fête des mères. Ce jour-là, on allume une bougie près de la photo de Ghylaine, on place une fleur dans un vase pour elle. Elle est toujours parmi nous mais ces dates nous renvoient forcément à ce qui s'est passé il y a quatre ans. Quatre ans déjà !

Pour moi, cette adoption sonne la fin des démarches et j'en suis infiniment heureuse mais, comme je l'ai dit à ma nièce, dans mon cœur cela ne change rien. Du jour où je l'ai accueillie sous mon toit, Cloé a fait partie de mes enfants. Si cette adoption m'importait c'est qu'elle comptait énormément pour elle mais, Cloé, je l'ai adoptée à la seconde où j'ai promis à ma sœur de m'en occuper. Document officiel ou non, je l'aime comme ma propre fille.

Nous avons attendu impatiemment ce jour qui a été émouvant pour toutes les deux. Quand tout a été terminé, j'ai eu une pensée particulière pour Me Arakelian qui m'a aidée comme jamais dans ce « parcours du combattant » que connaissent les familles des victimes. L'expression n'est pas excessive quand on additionne le nombre de démarches et d'auditions : depuis le juge des enfants, en passant par le juge aux affaires familiales, celui des tutelles et la cour d'assises, jusqu'à l'adoption. Qu'il soit remercié ici pour sa bienveillance et son attention sans faille envers ma famille, ma nièce et moi.

C'était une belle rencontre, d'autant qu'aujourd'hui Me Arakelian est toujours présent et actif au sein de l'Association. « Je n'oublierai jamais l'histoire de votre sœur, m'a-t-il dit un jour. Ce dossier m'a marqué pour la vie… »

Le 1er février 2022, une page s'est tournée.

Quant au nom de son père qu'elle ne mentionne déjà plus sur ses cahiers d'écolière, elle s'en est délivrée comme on efface un sombre souvenir pour mieux avancer. Elle porte mon nom qui est aussi celui de sa mère. La boucle est bouclée.

Il y a quelques jours, par jeu, j'ai demandé à Cloé si elle était heureuse et à combien elle situait son bonheur sur une échelle de 0 à 10 :

— Oh, sur une échelle de 0 à 10, je suis bien à 9 et demi ! s'est-elle exclamée.

Je n'en espérais pas tant !

13.

En finir avec la violence faite aux femmes

Il reste donc beaucoup à faire pour prévenir la violence conjugale et prendre en charge les victimes. Et je souhaiterais également que l'on réfléchisse aux sanctions contre ceux qui pensent avoir droit de vie ou de mort sur leurs compagnes. J'ai dit que la justice était très clémente envers les conjoints violents et je ne comprends pas pourquoi. Elle est surtout très patiente en leur accordant un temps et une écoute qu'eux ne consentent jamais à leurs victimes.

La preuve ! Dernièrement, j'ai eu connaissance du cas d'un homme, condamné onze fois pour violences conjugales, à qui on vient seulement de poser un bracelet anti-rapprochement ! Le premier bracelet à Paris alors que la mesure existe depuis 2019 ! Comment ce multirécidiviste n'est-il pas en prison depuis le temps ?

Il y a trop de perte de temps et ce sont les femmes qui font les frais de ces atermoiements. Si la justice se manifestait dès le premier coup ou la première gifle dénoncés par la victime, si ces violences initiales étaient sanctionnées par de la prison avec sursis, ce serait un signal fort que la société ne tolère plus la moindre agression contre les femmes.

En effet, un certain nombre de ces tortionnaires ne craignent ni la police ni la justice : ils agissent selon leurs propres lois, leur possessivité, leur jalousie ; ils ne supportent pas qu'on les quitte, ce sont des hommes dans la toute-puissance qui se fichent souvent d'être arrêtés, et condamnés. La fureur les aveugle, ils s'affranchissent des lois pour n'écouter que leur orgueil et leur égocentrisme. C'était le cas de l'ex-compagnon de C. ou, plus récemment, de l'ancien mari de B. ; et puisque rien ne pouvait arrêter leur désir de vengeance, puisqu'ils étaient résolus dans leurs propres intentions, la société se devait de protéger les innocentes.

Souvent, j'entends dire : « Mais que font les assistantes sociales ? Pourquoi n'ont-elles pas donné l'alerte ? » Ce serait trop simple de les accuser de tous les maux et de leur faire porter la responsabilité de violences conjugales non repérées ou mal perçues. Peut-être faudrait-il déjà leur donner davantage de moyens pour conduire des enquêtes plus fouillées... En revanche, je suis toujours surprise d'être informée par l'Association de cas où des assistantes sociales se sont immiscées de manière destructrice dans des familles où les choses allaient plutôt bien. Manque de recul, manque de temps, manque de discernement. La faute, aussi, au manque d'effectifs, à la recrudescence de la violence familiale et à une formation qui n'est peut-être pas appropriée aux violences que nous vivons aujourd'hui.

Au moment où j'écris ces lignes, nous subissons encore le contexte lié à la pandémie de Covid-19. Comme on le sait, les périodes de confinement n'ont pas été vécues de la même manière pour tous et on imagine que pour les femmes violentées au sein de leur foyer, elles ont été très dures. Le confinement a été le « scénario idéal pour exercer la violence de contrôle », comme l'explique Angeles Carmona*.

Dans cette période où les Français étaient cloîtrés, les signalements ont grimpé de 60 % et les violences conjugales de 30 %, sans oublier les violences à l'égard des enfants. En revanche, le nombre de femmes assassinées a diminué : il y aurait eu 102 victimes en 2020 – deux fois plus qu'en Espagne, tout de même. On peut l'expliquer par le fait qu'une partie d'entre elles n'ont pas pu fuir le domicile à cause de la pandémie. Où aller quand on vous oblige à rester chez vous ?

Depuis la fin du confinement, les chiffres repartent à la hausse et c'est le cas dans toute l'Europe – en Suède, cinq femmes ont été tuées en trois semaines. Même l'Espagne, si exemplaire d'habitude où, depuis la levée en mai 2021 de l'état d'urgence sanitaire, une femme y est tuée tous les trois jours par son conjoint

* Interview d'Angeles Carmona, présidente de l'Observatoire espagnol contre la violence domestique et de genre, Sudouest.fr avec AFP, 28 juin 2021.

ou ex-conjoint contre une par semaine auparavant. En Belgique, 13 féminicides avaient déjà été recensés fin avril 2021 contre 24 sur l'ensemble de l'année 2020*.

En France, la machine judiciaire peine à se relancer et les dossiers stagnent encore plus qu'avant. Durant le confinement, par le biais de mon Association, j'ai fait la connaissance d'une jeune femme, A., agressée sexuellement et battue par son mari qui avait menacé de la tuer en lui montrant son revolver ! Enfermée par lui avec leurs enfants, elle m'avait appelée n'osant pas donner l'alerte et c'est moi qui ai prévenu les policiers pour qu'ils se rendent au domicile du couple. Ils ne l'ont pas fait et n'ont rien trouvé de mieux que de l'appeler, elle, sur son téléphone ! Par chance, lors de l'appel, le mari agresseur était endormi. Les policiers en ont conclu que tout était calme et qu'il était inutile qu'ils se déplacent : « Rappelez-nous s'il redevient violent ! », ont-ils dit. Et ils ont raccroché.

Je leur avais pourtant expliqué qu'A. était séquestrée dans l'appartement, mais pour eux tout allait bien ! Très inquiète, j'ai contacté un commissaire avec qui notre Association a l'habitude de travailler. Il a remonté les bretelles aux policiers qui ont fini par faire leur travail.

A. a ainsi porté plainte et l'Institut médico-légal a pu constater ses blessures. Ensuite, on lui a trouvé un hébergement avec ses enfants. Pendant ce temps, son mari a été arrêté, mis en garde à vue puis relâché, avec interdiction d'entrer en contact avec A. et les petits. Ce qui ne la tranquillise pas du tout, évidemment. Un

* Sudouest.fr avec AFP, 28 juin 2021.

an et demi après les faits, il a été jugé en janvier 2022. Encore une fois, la justice n'a pas été à la hauteur et il a écopé d'une peine de six mois avec sursis. Un simple avertissement ! Il a eu l'audace d'être furieux alors que c'est nous qui le sommes. Surtout, nous craignons le pire pour A. qui n'est toujours pas en sécurité.

Le délai entre les faits et le jugement est beaucoup trop long, d'autant plus pour arriver à ce genre de résultat médiocre. Et je viens d'apprendre qu'à Paris les places d'hébergement pour auteurs de violences conjugales s'élèvent au nombre de onze ! Seulement onze places, pouvons-nous encore parler de volonté politique ?

À ce sujet, la presse n'est pas tendre envers le gouvernement. « La grande cause du quinquennat enterrée sous un silence poisseux… » titrait un article du journal *Libération* en novembre 2021 après une intervention télévisée du président Macron, le même mois, au cours de laquelle il avait déclaré : « Nous devons ainsi poursuivre et renforcer nos actions pour lutter contre les violences faites aux femmes, pour mieux protéger nos enfants. » C'est tout. On est loin des grandes déclarations, la main sur le cœur, de 2017 ! « Évacuée en une seconde, cette "grande cause" dont on tire la chasse en dit long sur le climat du moment », remarque la journaliste de *Libération**.

Quoi qu'il en soit, nous continuons le combat. Le 20 novembre 2021, nous étions nombreux à manifester contre les violences faites aux femmes et pour qu'on

* Johanna Luyssen, Liberation.fr, 15 novembre 2021.

n'oublie pas les victimes. C'est important pour moi de marcher avec les familles des femmes disparues, de sentir leur détermination ; cela fait du bien de discuter ensemble, de parler d'une même voix, de s'encourager en criant nos slogans. Je ne me suis jamais sentie seule mais, là, c'est autre chose : ces femmes, ces hommes sont pour moi comme une seconde famille.

Comme chaque année depuis la mort de Ghylaine, j'ai porté une pancarte avec la photo de ma sœur, pour qu'on se souvienne de son visage, qu'elle ne soit pas qu'un prénom au milieu de dizaines d'autres.

La prochaine avancée importante pour l'Association concerne la création et le développement de groupes de parole pour les familles en collaboration avec *Women Safe and Children**. Pour la première fois, des familles de victimes de féminicide pourront se rencontrer, discuter entre elles et poser des questions à des psychologues, des juristes, des membres des forces de l'ordre présents eux aussi. À la suite de quoi pourra se mettre en place un accompagnement psychologique individuel pour ceux qui le désirent.

Le Grenelle contre les violences conjugales de 2019 n'a pas réglé tous les problèmes, loin de là, mais il a eu une vertu, celle d'attirer l'attention des médias sur la question. Désormais, pas une semaine ne passe sans qu'une association comme la nôtre ne soit interviewée,

---

* Association loi 1901 à but non lucratif, apolitique et non confessionnelle créée en 2008 pour aider à soigner les femmes et les enfants victimes de violences.

sans qu'un article ne paraisse dans la presse ou que le sujet soit traité à la radio ou à la télévision. On ne pourra plus dire qu'on ne savait pas.

De plus, comme je le disais, l'impact commence à se faire sentir dans les tribunaux et sur la lourdeur des peines contre les auteurs de ces violences. On est passé de peines de dix ou douze ans à vingt ou vingt-cinq ans. Les gens ont bien compris qu'il ne s'agissait plus de faits divers mais d'un problème de société. Il y a une vraie prise de conscience de la population. Reste aux professionnels, policiers et magistrats, à utiliser l'arsenal pour protéger les femmes en danger, arsenal qui existe déjà mais dont ils doivent se servir correctement.

En revanche, concernant les familles des victimes de féminicide, quel statut, quelle prise en charge leur proposera-t-on ? Aujourd'hui, tout reste à faire.

*

Il y a maintenant quatre ans que Ghylaine nous a été arrachée, quatre ans qu'en prenant sa place dans la triste suite des femmes tuées par leur compagnon ou ex, elle a changé le cours de ma vie.

En œuvrant pour les victimes de féminicide et pour l'obtention d'un statut pour les familles de ces victimes, j'essaie de transformer un événement horrible en quelque chose d'utile. Quand des personnes qui ont vécu la même chose que moi me remercient parce que je les ai aidées à trouver les bons interlocuteurs ou les administrations pour les accompagner, c'est-à-dire tout ce dont j'aurais aimé bénéficier quand Ghylaine est partie, ça me fait vraiment chaud au cœur.

Il y a cela, et toutes les paroles qu'on m'offre comme autant de cadeaux :

— Ça me fait du bien de vous parler, m'a dit un jour une femme qui avait perdu une parente deux ans plus tôt. Quand j'exprime ma tristesse, on ne comprend pas que « j'en sois encore là », on me dit qu'il faudrait que « ça » me passe ! Ils ne comprennent pas ! Il faut l'avoir vécu pour comprendre qu'on ne s'en remet jamais...

Moi aussi, je les ai entendues ces phrases : « Tu devrais penser à autre chose, aller de l'avant... » Comment le pourrais-je après une mort aussi atroce causée par quelqu'un qu'on a reçu à notre table pendant tant d'années, qui était presque de la famille ? Comment expliquer qu'il faudrait m'arracher le cœur ou la tête pour qu'un jour passe sans que je pense au calvaire que ma sœur a subi ?

Je me souviens qu'après le procès et le rapport des experts, les images de Ghylaine sur la table d'autopsie me revenaient de manière lancinante. Je n'arrivais plus à la voir autrement, ou couverte de bandes Velpeau, comme une momie, la dernière vision que j'ai d'elle. Je ne percevais plus son beau visage, je n'entendais plus ses éclats de rire... Après quelques séances d'EMDR*,

* *Eye Movement Desensitization and Reprocessing* signifie « désensibilisation et retraitement par les mouvements oculaires ». L'EMDR est une thérapie qui permet de diminuer la charge émotionnelle associée à un souvenir traumatique.

j'ai pu chasser ces images affreuses, parvenir à les mettre au second plan et ne plus en souffrir comme avant lorsqu'elles réapparaissaient comme des flashs.

Ma petite sœur ne reviendra jamais mais en aidant les autres, ses sœurs de souffrance, je soigne mon chagrin et je fais en sorte qu'elle ne soit pas morte pour rien. Chacun se répare comme il peut. Si je n'agissais pas, si je n'essayais pas de changer les choses, sa mort et celle de toutes les autres auraient été inutiles. Et, ça, je ne m'y résoudrai jamais.

Lorsque j'ai commencé à œuvrer pour l'Association, deux ans après la mort de ma sœur, j'ai eu besoin de médiatiser son histoire pour qu'on se souvienne d'elle encore un peu. J'avais l'impression que Ghylaine tombait dans l'oubli. Elle devenait un sujet tabou, on n'en parlait plus. J'avais la sensation étrange d'être à la fois dans le monde et à côté du monde. J'avançais avec les autres mais pas à la même vitesse. La vie continuait, bien sûr, mais le prisme à travers lequel je la regardais n'était plus le même : rien n'était et ne serait jamais plus comme avant.

Avec le procès, nous avons obtenu justice pour ma sœur. Une fois ce récit terminé, j'essaierai de ne plus parler de Ghylaine. À présent, je veux juste qu'elle repose en paix.

Les associations font un travail extraordinaire, elles comblent les manques gouvernementaux mais elles ne peuvent pas tout accomplir. Seules une volonté politique et des lois pourront faire évoluer cette situation. L'Espagne y est arrivée après s'être attelée au problème avec énergie et sans faux-semblants ; nous devons faire aussi bien puis mieux. Rien ne justifie que deux fois plus de femmes meurent de ce côté des Pyrénées.

En œuvrant pour l'Association, en entendant le témoignage de ces femmes battues, en discutant avec ceux qui ont été leurs agresseurs, je comprends que les violences faites aux femmes ne sont qu'une partie de tout un processus à revoir, que les enjeux sociétaux sont beaucoup plus importants. Rien ne se réglera tant que les problèmes ne seront pas abordés « à la source », à travers l'éducation de nos filles et de nos garçons, à l'école, dans les cours de récréation, à la maison...

C'est donc une prise de conscience globale qui doit se produire, qui a déjà commencé grâce à différents mouvements de femmes mais qui doit toucher de manière plus vaste tous les milieux et toutes les classes sociales. Puisque, lors du Grenelle contre les violences conjugales en 2019, les politiques ont exprimé une ambition et des promesses, que l'action publique soit désormais au diapason. L'arsenal juridique existe. Encore faut-il s'en saisir correctement et se donner les moyens de diminuer de manière conséquente les chiffres des féminicides.

En 2018, au moment de prendre sa retraite, l'avocat général Luc Frémiot qui a tant fait pour lutter contre ces violences a eu un dernier mot en direction de ses collègues magistrats : « Les procureurs doivent prendre le problème à bras-le-corps ! On a tous les textes pour avancer, alors il faut le faire ! »

Puisse-t-il être entendu.

En 2021, il y a eu 113 femmes assassinées* par leur compagnon ou ex-conjoint et trois nouveaux féminicides recensés pour la seule journée du 1er janvier 2022. Les indicateurs qui caractérisent les violences conjugales sont donc à la hausse.

Lc combat continuc.

* Source : le collectif Féminicides par compagnons ou ex.

ANNEXES

Numéros et liens utiles

17 ou 112 (à partir d'un portable) : urgence Police ou Gendarmerie.

15 : Samu.

18 : Pompiers.

SMS au 114 : en cas d'impossibilité de parler.

3919 : numéro de conseil, écoute à destination des femmes victimes de violence.

Demander un « masque 19 » dans une pharmacie permet au pharmacien d'appeler immédiatement la police.

116006 : France Victimes.

119 : Enfance en danger.

arretonslesviolences.gouv.fr : plateforme de discussion et préplainte.

service-public.fr/cmi : pour échanger avec la police.

L'Union nationale des familles de féminicide (UNFF)

L'UNFF a été créée, en octobre 2019, lors du Grenelle des violences conjugales par des familles ayant vécu un féminicide. Le conseil d'administration de l'association est composé exclusivement de familles et de proches de féminicide.

L'UNFF constitue une véritable équipe pluridisciplinaire pouvant apporter aux familles ayant vécu un tel drame tout le réconfort et l'aide dont elles ont besoin, sur les plans tant psychologique que juridique et administratif.

L'UNFF se donne également comme mission de faire évoluer l'arsenal juridique et institutionnel afin de mieux répondre aux besoins des victimes collatérales, notamment des enfants.

L'UNFF conscientise aux violences intrafamiliales, notamment aux féminicides et à l'égalité femmes/

hommes par le biais de conférences, manifestations culturelles.

Nous contacter :
www.unff.fr
contact@unff.fr
06.25.36.27.81
Instagram : #UNFFeminicide
Twitter : #UNFFeminicide

Conseils de mise en sécurité (Femmes en danger)

Conseils de mise en sécurité
Femmes en danger

Préparer son départ

– Prendre attache (si possible) avec un avocat afin de préparer juridiquement son départ.
– Parler de la situation à des professionnels (médecin, assistante sociale, associations qui pourront par la suite attester avoir été informées).
– Préparer une valise d'urgence en cas de départ précipité contenant : tenue de rechange pour femme et enfants, nécessaire d'hygiène, couches, biberons, lait…
– Photocopier les papiers indispensables : état civil de TOUS les membres de la famille, y compris le conjoint, attestation de sécurité sociale et carte de mutuelle, carnet de santé des enfants (surtout les pages de vaccination), livret de famille, actes de mariage, de propriété, permis de conduire, assurances, banque, papiers du véhicule… Si la victime en a la possibilité, il est très utile de pouvoir numériser ses documents et de les conserver dans un « cloud ».
– Et surtout prendre DE L'ARGENT LIQUIDE.
– Cacher cette valise d'urgence dans un endroit sûr et facilement accessible : chez une personne de confiance au courant de la situation de danger et si possible non connu du conjoint.
Dans le coffre du véhicule, si le conjoint n'y a pas accès.
Dans une consigne à bagages de gare.

Préenregistrer sur son téléphone le numéro de la gendarmerie ou du commissariat le plus proche.

Après le départ

– Signaler son départ et les raisons de son départ à la police ou gendarmerie au plus vite en déposant une main courante (exiger le récépissé), dans l'idéal un dépôt de plainte (l'article 15-3 du code de procédure pénale fait obligation à la police judiciaire de recevoir les plaintes des victimes d'infractions, y compris quand ces plaintes sont déposées dans un service territorialement incompétent).
– Désactiver la géolocalisation de son téléphone et sur TOUS les réseaux sociaux, ne plus rien publier ou sécuriser ses comptes Facebook, Instagram…

Rester intraçable pour protéger sa sécurité

– Ne pas utiliser sa carte bleue.
– Emporter son téléphone chez son opérateur de téléphonie mobile, afin de vérifier la présence d'un logiciel espion (démarche gratuite).
– Amener son véhicule chez un garagiste ou un centre auto, afin de faire vérifier l'absence d'un traceur GPS (cachettes plébiscitées : derrière les phares, sous le cache de batterie, derrière les jantes, tous les vide-poches dans le soufflet du pommeau de vitesse… la voiture doit être passée « au peigne fin »).

Si un logiciel espion ou un traceur GPS est repéré, NE SURTOUT PAS LE RETIRER !!! Le faire constater immédiatement par la police ou la gendarmerie !!!
Rappel : le code pénal (art. 226-1) punit d'un an d'emprisonnement et de 45 000 euros d'amende le fait de porter atteinte à l'intimité de la vie privée d'autrui, ces mêmes peines étant applicables à l'interception des télécommunications ou à l'installation d'un appareil à cette fin (art. 226-3).

Le violentomètre

PROFITE
Ta relation est saine quand il...

1. Respecte tes décisions et tes goûts
2. Accepte tes ami-e-s et ta famille
3. A confiance en toi
4. Est content quand tu te sens épanouie
5. S'assure de ton accord pour ce que vous faites ensemble

VIGILANCE, DIS STOP !
Il y a de la violence quand il...

6. T'ignore des jours quand il est en colère
7. Te fait du chantage si tu refuses de faire quelque chose
8. Rabaisse tes opinions et tes projets
9. Se moque de toi en public
10. Te manipule
11. Est jaloux en permanence
12. Contrôle tes sorties, habits, maquillage
13. Fouille tes textos, mails, applis
14. Insiste pour que tu envoies des photos intimes
15. T'isole de ta famille et de tes ami-e-s

PROTÈGE-TOI, DEMANDE DE L'AIDE
Tu es en danger quand il...

16. Te traite de folle quand tu lui fais des reproches
17. "Pète les plombs" lorsque quelque chose lui déplaît
18. Te pousse, te tire, te gifle, te secoue, te frappe
19. Menace de se suicider à cause de toi
20. Te touche les parties intimes sans ton consentement
21. Menace de diffuser des photos intimes de toi
22. T'oblige à regarder des films pornos
23. T'oblige à avoir des relations sexuelles

Les signaux faibles

Le livret sur les signaux faibles des violences intrafamiliales de l'UNFF

1 / Définition du signal faible

Autant il est aisé de donner une définition du signal fort, qui est un événement notable, une information explicite ou un signe caractéristique permettant d'établir un besoin ou une avancée, autant il est plus compliqué de définir un signal faible.
A contrario, un signal faible est à l'opposé d'un signal fort et peut être défini comme étant « une information d'alerte précoce, de faible intensité, pouvant être annonciatrice d'une tendance ou d'un événement important ».
Dans le domaine des féminicides, un signal fort pourrait être une tentative de meurtre sur conjoint, signal fort par excellence. Néanmoins, avant d'arriver à un acte d'une telle gravité, il y a lieu de définir **des signaux d'apparente gravité moindre, qui sont annonciateurs d'un type de comportement fortement susceptible à un moment donné de devenir un comportement criminel**.

Un féminicide, acte de gravité majeure, est donc généralement annoncé par des données, les signaux faibles, qui auraient dû nous permettre de l'anticiper.
Fragmentés, isolés ou ambigus, ils n'ont pas d'utilité en tant que tels, mais une fois réunis ils constituent un faisceau de présomptions extrêmement forts sur la survenance d'un événement majeur. Afin d'anticiper cet événement, il convient donc de les connaître et de les décrypter. Ainsi, ils permettront d'établir une veille stratégique et éviteront un crime.

Le féminicide est un crime de possession, il peut être commis lors de la vie en commun, quand la future victime de féminicide décide de quitter le domicile conjugal. Il peut également être commis alors que la future victime a déjà quitté le domicile conjugal et décide par exemple de refaire sa vie.En tuant sa femme ou ex-femme, le meurtrier veut effacer la séparation volontaire. Le meurtrier devient veuf mais pas divorcé. S'il se suicide, le meurtrier rétablit le lien que la victime voulait couper : ils seront ensemble jusque dans la mort.
Il convient donc de protéger autant une victime ayant déjà quitté le domicile conjugal qu'une victime souhaitant quitter ce domicile.

2 / Incidence de l'emprise et du contrôle coercitif dans le domaine des violences conjugales

Les violences conjugales sont associées à des phénomènes d'emprise et/ou de contrôle coercitif.

L'emprise psychologique se définit comme une manipulation mentale liée à des violences psychologiques qui s'installent dans le temps avec une **alternance** de phase de séduction narcissique, de violences, de marques d'affection de manière à anéantir la personnalité de la victime et à la dominer totalement. **Les victimes s'habituent ainsi à être dénigrées et ne se considèrent pas comme victimes.**

Le contrôle coercitif se définit comme un acte délibéré ou un schéma comportemental de contrôle, de contrainte ou de menace utilisé par un individu contre une partenaire dans le but de la rendre dépendante, subordonnée et/ou de la priver de sa liberté d'action.

Les violences conjugales y sont toujours associées. Elles sont d'ordre psychologique, physique, sexuel, émotionnel, administratif, économique, ou vicariantes.

3 / Signaux faibles faisant foi d'une violence psychologique

Les signaux faibles faisant état d'une violence psychologique trouveront donc généralement leur origine dans ces phénomènes d'emprise et de contrôle coercitif.

° L'état psychologique de la victime sous emprise conduit à :

- l'acceptation de la normalisation de la violence du conjoint, ce qui entraine une élévationanormale du seuil de tolérance de cette violence conjugale ;
- l'omniprésence psychologique et/ou physique du conjoint entraînant son omniscience ;
- la dévalorisation du conjoint victime ;
- l'isolement du conjoint victime, sur les plans familial, amical et professionnel ;
- une perte de repères, une dissociation du cerveau par rapport à l'existence, tant la violence subie est importante, et donc une anesthésie émotionnelle de manière à « sauver sa peau ».

° Cet état est constitutif du syndrome de la « femme battue ».

° Des signaux faibles sont révélateurs de cette violence psychologique. Ils apparaîtront rarement en tant que tels ; il convient donc de les « tracer » lors de l'audition de la victime.

a. Signaux faibles liés à la procédure

- Avoir porté plainte plusieurs fois et avoir retiré sa plainte.
- Être partie et revenue plusieurs fois du/au domicile conjugal.
- Si la femme est déjà physiquement séparée de son conjoint, report systématique de la part du conjoint harceleur des diverses procédures de manière à faire « traîner » les choses en longueur dans le but de conserver un contrôle à distance de sa femme et d'accentuer une violence économique (appauvrissement de la victime).

b. Signaux faibles liés à la posture et au témoignage

- *Les symptômes dissociatifs* : minimiser les faits vécus depuis des années, minimiser le préjudice, incapacité de se rendre compte de la gravité des faits qu'elle subit depuis des années, incapacité de repérer une menace de mort, distanciation du discours qui semble ne pas concerner la personne, minimiser ou nier les blessures physiques, mentir sur l'origine des blessures et donner une explication rationnelle sur chaque blessure afin que le conjoint ne soit pas accusé.
- *Les symptômes liés à la personnalité* : discours tenu d'un ton de voix monocorde et sans affect, personnalité froide, peu sociable, logorrhée verbale ou mutisme, fuite du regard, fébrilité, sursauts au moindre bruit, agitation anormale et hypervigilance permanente car omniprésence réelle ou supposée du conjoint et de la peur qu'il inspire.
- *Reviviscence* olfactive auditive visuelle amenant un trouble certain.

- *Interposer* systématiquement ses enfants entre soi et son conjoint.
- *Troubles alimentaires.*
- Épuisement physique et psychologique.
- Privation de sommeil.

c. Signaux faibles liés à l'environnement de la victime
(*Signaux qu'il convient de « tracer » lors de l'audition de la victime*)

Réglementation de la vie au quotidien :
- Accès du conjoint aux réseaux sociaux, mail, téléphone de la femme ?
- Le conjoint est-il détenteur de ses codes d'accès ? A-t-il mis un traceur sur son téléphone ou sa voiture ?
- Nombre très important de messages et d'appels téléphoniques reçus par jour pour surveiller sa femme.
- Messages intrusifs qui pistent la victime, notamment à caractère sexuel, car le conjoint se considère comme propriétaire de sa victime.
- Incapacité de faire la moindre démarche en vue de sauver sa peau car omniprésence de la peur et totale dévalorisation de soi.

Isolement de la victime
- Le fait d'hésiter à porter plainte ou de porter plainte et de retirer sa plainte peu de temps après.
- Dépendance affective, sensation de ne pas avoir de valeur sans le conjoint.
- Isolement affectif, familial, amical, professionnel de la victime.

Privation d'indépendance et de liberté
- Privation de liberté individuelle, de nourriture (ex. : interdiction de faire du sport, chronométrage du temps de trajet pour rentrer du lieu du travail au domicile, pour faire les courses, etc.).
- Présence du conjoint chez le gynécologue, psychologue, médecin, exige des comptes rendus de visite des médecins ayant examiné Madame.
- Installation dans un lieu de résidence très proche, afin de maintenir une surveillance sur la vie de sa femme (en cas de séparation physique).
- Fournir à ses enfants un téléphone portable de manière à contrôler indirectement la vie de sa femme (en cas de séparation physique).
- Se trouver aux mêmes endroits en même temps que sa femme, même si elle est déjà physiquement séparée.
- Géolocalisation du conjoint grâce au téléphone portable ou par un traceur sur la voiture.

d. La violence vicariante
Il s'agit d'une **violence par procuration** qui s'exerce sur les enfants pour punir la mère car l'agresseur n'a plus de prise sur la victime. Cette violence peut être d'ordre physique, sexuel (elle peut aller jusqu'à l'inceste ou l'infanticide) ou psychologique.

e. Le chantage au suicide du conjoint
Le chantage au suicide du conjoint est un signal **extrêmement fort** d'un futur passage à l'acte, ayant comme préalable le meurtre de la conjointe avant le futur suicidé.

f. Signaux faibles liés aux enfants

- Mutisme ou excitabilité anormaux, troubles du comportement en milieux scolaires.
- Comportement agressif.
- Troubles alimentaires.
- Enurésie ou encoprésie.
- Refus de l'autorité d'un adulte.
- Automutilation.
- Retard de croissance.
- Troubles du sommeil et troubles de la concentration.
- Hypervigilance.

4 / Signaux faibles tenant à l'histoire de chaque femme

Chaque individu a un seuil de tolérance à la violence qui lui est propre, chaque cas sera doncsingulier. Soumettre l'autre ne peut donc pas se codifier exactement, notamment en ce qui concerne la durée de réalisation de l'emprise. Certains antécédents vont néanmoins faciliter latâche du manipulateur car sa victime peut être porteuse de faille préalable.

– *Antécédents familiaux*
* famille dysfonctionnante ;
* violence physique sexuelle ;
* violence psychologique.

– *Antécédents dramatiques*
* maladie grave d'un proche ;
* deuil d'un proche mal vécu ;
* effondrement de la structure familiale (ex. : un divorce conduisant à un abandon psychologique).

NB : Cette antériorité ne concerne que 1/3 des cas de féminicide.

5 / Signaux faibles faisant foi d'une violence économique et administrative

a. Signaux faibles de violence économique

- Pas d'accès au compte bancaire où sont virés le(s) salaire(s) et prestations familiales.
- Pas de CB, pas de chéquier, incapacité de retirer de l'argent seule sur le compte.
- Madame prend en charge l'intégralité des dépenses du foyer, voire des dépenses relatives à la vie précédente de Monsieur (pension alimentaire).
- Monsieur garde le montant de son salaire secret et sur un compte à part.

b. Signaux faibles de violence administrative

- Pas d'accès aux papiers d'identité : livret de famille, carte d'identité, passeport, titre de séjour.
- Pas d'accès aux documents médicaux, y compris ceux des enfants : pas de Carte vitale, conduisant à la présence obligatoire de Monsieur en cas de visite chez le médecin et donc à une absence de confidentialité.

- Tous les documents officiels pouvant justifier d'un lieu de résidence ou d'une identité sont au nom de Monsieur (quittance de loyer, d'électricité).
- Téléphone portable au nom de Monsieur.

c. / Les postulats à prendre en compte systématiquement lors d'un dépôt de plainte

- **Croire une femme qui vient déposer plainte pour VIF.**
- **Les violences ne sont pas forcément visibles.**

d. / L'attitude à avoir lors d'un dépôt de plainte

- **Extrême bienveillance de la part de la personne qui recueille la plainte.**
- **Questions ouvertes.**
- **Ne pas remettre en cause les dires de la victime.**
- **Caractériser correctement les faits.**

e. / Les 10 questions indispensables

1/ Selon vous, votre partenaire ou ancien partenaire a-t-il eu connaissance de votre projet de séparation ? Ou êtes-vous séparée ? (Cherche-t-il à connaître votre lieu de résidence ?)

2/ Avez-vous peur pour vous ou vos enfants ?

3/ Monsieur possède-t-il des armes ?

4/ Depuis quelle date n'avez-vous pas vu votre famille ou vos amis ? (Êtes-vous libre de vos sorties ? Vous sentez-vous isolée ?)

5/ Monsieur a-t-il des addictions ?

6/ Monsieur a-t-il déjà fait du chantage au suicide ?

7/ Avez-vous librement accès à vos moyens de paiement, à vos papiers d'identité et ceux de vos enfants ?

8/ Après les disputes, Monsieur s'excuse-t-il ou vous offre-t-il des cadeaux ?

9/ Les violences ont-elles augmenté en intensité récemment ?

10/ Votre partenaire ou ancien partenaire essaie-t-il de contrôler ce que vous faites (vêtements, maquillage, sorties, travail, nourriture) ? Et contrôle-t-il vos réseaux sociaux, votre boîte mail et votre téléphone ?

9 / Ce qui est à bannir

a. **Utilisation du terme « crime passionnel »**

- On ne tue jamais par amour.
- L'utilisation de cette expression semble donner aux lecteurs/auditoire une circonstance atténuante au meurtrier.

b. **Considérer que sans violence physique, il n'y a pas de violence ou pas de violence suffisamment grave pour entraîner une protection.**

- **La violence physique est précédée de violence psychologique dans 100 % des cas,** elle-même précédée de « micro-violences » (critiques, alternance dénigrement/gentillesse).
- La femme sous emprise va considérer ces actes de violence comme étant des marques de jalousie, des preuves d'amour. Il faut donc lui faire prendre conscience que ces actes sont inacceptables et qu'elle est une **VICTIME**.

c. **Penser qu'il y a « un type » de femme victime de violence conjugale**

- Tous les groupes sociaux et tous les niveaux socio-culturels sont concernés.
- Tous les âges sont concernés.

NB : Ce livret en cours de construction est une propriété de l'UNFF

Grenelle
contre les violences conjugales

25 novembre 2019

Liberté · Égalité · Fraternité
RÉPUBLIQUE FRANÇAISE
Le Gouvernement

CLÔTURE DU GRENELLE CONTRE LES VIOLENCES CONJUGALES

- 30 mesures pour combattre le fléau des violences faites aux femmes
- Prévenir les violences
- Protéger les femmes et leurs enfants, partout et à tout moment

DOSSIER DE PRESSE

25 novembre 2019

Contact
Service de presse
de Matignon
57, rue de Varenne
75007 Paris
Tél. : 01 42 75 50 78/79

Sommaire

1/ Le Grenelle contre les violences conjugales, un processus inédit de mobilisation de la société

Cette année encore, les féminicides ne faiblissent pas. Tous les deux ou trois jours, une femme est tuée par son conjoint ou son ex-conjoint. Cette réalité glaçante nous a amenée à lancer un processus de mobilisation inédit pour lutter contre ce fléau : un Grenelle de la lutte contre les violences conjugales.

Impulsé par Marlène Schiappa, lancé le 3 septembre par le Premier ministre, il s'est traduit par la mise en place de :

- **11 groupes de travail, de plus de**
- **60 personnes auditionnées**

et par plus de

- **65 propositions** restituées publiquement.
- **102 événements locaux**
  se sont aussi tenus et ont mobilisés plus de
- **4 550 personnes**.
- **51 comités locaux d'aide aux victimes** (CLAV) se sont déployés sur le territoire.

2/ 10 mesures d'urgence annoncées par le Premier ministre le 3 septembre

Déjà mise en œuvre

Sortir du silence : une hausse sensible de la notoriété et des appels au 3919 depuis le Grenelle

- ✔ Avant le Grenelle, seulement 8% de la population connaissait l'existence de ce numéro. Cette proportion est aujourd'hui de 59%.
- ✔ Avant le Grenelle, le 3919 recevait 150 appels/jour. Il en reçoit désormais 600/jour.

En cours de mise en œuvre

Mettre à l'abri les victimes de violences conjugales

Dans la moitié des cas, les femmes qui appellent le 3919 demandent à quitter le domicile conjugal.

- Les 1 000 nouvelles solutions de logement et d'hébergement que nous avions annoncées, seront bien ouvertes à partir de janvier 2020. Une convention entre le 3919, le 119 et le ministère du Logement a été signée pour cibler au plus vite les places d'hébergement.

Accueillir de façon irréprochable les femmes victimes de violences

Parce qu'une femme victime de violences qui trouve le courage d'aller porter plainte doit pouvoir le faire dans les meilleures conditions, les audits des commissariats et brigades de gendarmeries se poursuivront jusque fin 2020 pour améliorer l'accueil des femmes victimes de violences.

- 350 victimes ont déjà été contactées pour un total de 432 services de police et unités de gendarmerie contrôlés, dont 26 Outre-Mer.

Parce que les policiers et gendarmes doivent pouvoir évaluer le danger qu'encourt une femme victime de violences de la même façon sur tout le territoire, nous avions annoncé l'élaboration d'une grille unique d'évaluation du danger.

- Cette grille permettra aux policiers et aux gendarmes d'appréhender avec précision les risques encourus et de proposer une protection et un accompagnement adaptés. L'objet de ce document sera, à travers une série de 23 questions posées à la victime, même avant tout dépôt de plainte, d'analyser le danger encouru par cette dernière et ses enfants.

6

- Comme nous l'avions annoncé, cette grille vient d'être finalisée. Elle sera diffusée dès aujourd'hui à toutes les brigades et commissariats.
- Au cours du premier semestre 2020, les policiers et gendarmes intervenants auprès du public seront formés à l'utilisation de cet outil. Au 2ème semestre 2020, une évaluation de cet outil sera opérée afin de procéder le cas échéant à une amélioration du dispositif.

Faciliter la prise de plainte pour les victimes de violences conjugales dans l'incapacité de se déplacer notamment lorsqu'elles sont hospitalisées

Des travaux de coordination entre police/gendarmerie et les directions des hôpitaux et des cliniques, en liaison avec les agences régionales de santé, ont été engagés. La rédaction des conventions permettant la prise de plainte dans les hôpitaux et les cliniques veillera à identifier les interlocuteurs en charge de la procédure. Une convention-type santé-justice-sécurité a été adressée le 10 octobre aux référents « violences faites aux femmes » pour faciliter leurs travaux.

- Tous les départements ont lancé les travaux et une dizaine d'entre eux ont d'ores et déjà signé un protocole.

Protéger les femmes en empêchant l'auteur des violences de les approcher

- L'assemblée nationale a adopté à la quasi-unanimité, la généralisation du bracelet anti-rapprochement pour que nous puissions déployer rapidement 1 000 bracelets en 2020.

  Les mesures relatives à la suspension systématique de l'autorité parentale en cas de féminicide et à la possibilité donnée au juge pénal d'aménager ou de suspendre l'autorité parentale du conjoint violent seront examinées dans le cadre d'une proposition de loi portée par les députés Bérangère Couillard et Guillaume Gouffier-Cha, en janvier 2020 au Parlement.

Juger plus vite, plus efficacement

- Les « chambres de l'urgence » sont en cours de déploiement, avec une première expérimentation fructueuse lancée au tribunal de Créteil. Elles permettent d'assurer des circuits les plus courts possibles pour accélérer le traitement des procédures, de faire en sorte que l'ensemble des acteurs judiciaires (procureur, juge pénal, juge aux affaires familiales et juge des enfants) travaillent de manière coordonnée, et que des informations capitales ne leur échappent pas au moment de prendre une décision.

3/ De nouvelles mesures visant à prévenir les violences, protéger encore davantage les victimes et mettre en place un suivi et une prise en charge des auteurs de violences

Prévenir les violences : éduquer à la non-violence et à l'égalité entre les filles et les garçons

Lutter contre les violences faites aux femmes, cela nécessite de s'attaquer au problème « à la racine ». C'est pourquoi l'éducation à la non-violence est un maillon indispensable de l'arsenal de mesures que nous déployons pour combattre ce fléau. Mieux former, mieux outiller, associer les élèves tout au long de leur scolarité : telles sont nos priorités.

Mesure 1 : Mise en place d'un module de formation initiale et continue rendu obligatoire sur l'égalité à destination des personnels de l'éducation nationale (enseignants, **personnels d'éducation, cadres, etc.**)

Mesure 2 : **Création d'une culture de prévention et de sensibilisation auprès des élèves en** dédiant un conseil de vie collégienne et un conseil de vie lycéenne chaque année à la réalisation d'un diagnostic annuel sur l'égalité filles-garçons en milieu scolaire, avec une attention portée à la participation des élèves en situation de handicap

Mesure 3 : Diffusion, dans tous les établissements, d'un document unique de signalement et un guide réflexe à destination des personnels des établissements **afin de mieux repérer et mieux signaler les violences intrafamiliales dont les élèves sont victimes**

Ce document sera aligné sur celui mis en place en matière de signalement à l'aide sociale à l'enfance des suspicions de violences et maltraitances. Ce faisant, l'exposition à des violences intrafamiliales est ainsi explicitement reconnue comme l'exercice d'une violence sur l'enfant exposé.

Mesure 4 : Mise en place d'un module obligatoire sur la prévention des violences conjugales dans le cadre du service national universel, **mais aussi du Plan mercredi ou des Cités éducatives**

Libérer la parole des victimes et favoriser la révélation des violences

Mesure 5 : Le 3919 sera ouvert 24/24 et 7/7 et rendu accessible aux personnes en situation de handicap **parce que l'urgence n'attend pas, ou que le bon moment n'est pas toujours celui d'horaires d'ouverture de services classiques. L'appel à projets permettant un tel élargissement des plages horaires sera lancé dès 2020**

Mesure 6 : Les professionnels de santé pourront lever le secret médical en cas de danger immédiat pour la victime, parce que sauver des vies est notre priorité absolue

Le secret professionnel constitue l'un des fondamentaux de l'exercice médical et garantit la nécessaire relation de confiance entre un professionnel et un patient.

Toutefois, dans des situations bien définies, la déontologie médicale exige de déroger au secret professionnel. Le code pénal prévoit ainsi ces dérogations pour les mineurs ou les majeurs considérés vulnérables victimes de violences. Néanmoins, seulement 5% des alertes de mise en danger d'une personne pour violences conjugales sont données par des professionnels de santé.

Face à ce constat, à la fois pour sauver des vies, protéger les victimes tout en sécurisant les professionnels, il sera possible-mais non obligatoire pour ces derniers de déroger au secret médical en signalant l'existence d'un danger immédiat pour la victime, notamment en cas de risque de renouvellement des violences, lorsque son accord ne peut être obtenu. Cette évolution est travaillée en concertation avec le Conseil national de l'Ordre des médecins.

Mesure 7 : Mise à disposition d'outils à destination des professionnels de santé leur permettant d'évaluer la dangerosité des situations et d'orienter les victimes vers une prise en charge adaptée

Les travaux du Grenelle ont mis en avant la nécessité de mieux orienter les victimes vers une prise en charge adaptée à leurs besoins et à la dangerosité de la situation. Pour atteindre cet objectif :

- un outil d'évaluation de la gravité et de la dangerosité des situations de violences conjugales destiné à l'ensemble des professionnels sera conçu, pour mieux repérer les signes d'alerte et savoir vers qui orienter ;
- une cartographie des professionnels et structures engagées dans la prévention et la prise en charge des victimes de violences conjugales sera construite, pour assurer une prise en charge globale et rapide des victimes.

Protéger les femmes victimes dès le dépôt de plainte

Les femmes victimes de violences qui trouvent le courage d'aller porter plainte doivent être accueillies dans les commissariats et brigades de gendarmeries dans les meilleures conditions possibles : elles doivent être écoutées, orientées et prises en charge. C'est pourquoi :

Mesure 8 : Création de 80 postes supplémentaires d'intervenants sociaux dans les commissariats et gendarmeries bénéficiant d'un financement de l'État

Afin de permettre un accueil et une prise en charge la plus adaptée et accompagnée possible, le réseau des intervenants sociaux dans les commissariats et les gendarmeries sera ainsi renforcé. Aux 271 intervenants actuellement existants, 80 postes supplémentaires sont estimés nécessaires d'ici 2021 : ils bénéficieront d'un financement au titre du fonds interministériel de prévention de la délinquance (FIPDR).

Mesure 9 : Distribution d'un document d'information à toute victime se rendant dans un commissariat ou une gendarmerie

Par ce document, les victimes seront informées sur la procédure, les recours, et les possibilités d'accompagnement. Ce document sera être adapté en fonction des dispositifs locaux en métropole comme en Outre-mer (lieux d'accueil, coordonnées des associations locales, etc...). Un document adapté sera élaboré pour les victimes en situation de handicap.

Mesure 10 : Instauration d'un parcours renforcé de formation initiale et continue à l'accueil des femmes victimes de violences conjugales pour les policiers et les gendarmes

Ces formations porteront notamment sur le phénomène de l'emprise, l'évaluation du danger (mise en place de la grille d'évaluation) et les interventions à domicile.

Depuis mai 2019, un module spécifique relatif aux violences faites aux femmes d'une durée de 8 heures est intégré dans toutes les formations initiales des élèves gendarmes.

Deux niveaux de formation continue sont progressivement mis en place à partir du 2ème semestre 2019 :

- pour améliorer le premier accueil des femmes victimes, une formation au nouveau questionnaire d'évaluation du danger abordé précédemment ;
- pour développer les pratiques d'enquête, des formations interprofessionnelles déconcentrées réunissant magistrats et enquêteurs, seront organisées.

Une prise en charge médico-sociale renforcée des femmes victimes de violences

Mesure 11 : Financer des structures dédiées à la prise en charge sanitaire, psychologique sociale des femmes victimes de de violences

La prise en charge des violences, notamment les violences conjugales, nécessite une prise en charge médico-sociale adaptée, comprenant à la fois un accueil ouvert, la délivrance de soins et un accompagnement psycho-social. Certaines structures dédiées ont vu le jour et permettent une prise en charge adaptée des victimes de violences. Une enquête auprès des agences régionales de santé (ARS) a été lancée au second semestre 2019 pour recenser les structures existantes et étudier leur offre de prise en charge.

Les initiatives existantes seront pérennisées, conformément aux recommandations formulées par l'IGAS en 2017, et le développement de nouvelles structures soutenu, pour couvrir l'ensemble du territoire national, par le biais d'un financement dédié. Des travaux complémentaires visant à élaborer un cahier des charges de ces structures et à créer une mission d'intérêt général (MIG) dédiée à la prise en charge de violences seront ainsi lancés dès 2020. Ce financement s'ajoute aux structures déjà créées pour la prise en charge du psycho-traumatisme.

Une justice plus protectrice des femmes victimes de violences

Mesure 12 : Interdire la médiation pénale et la médiation familiale devant le juge aux affaires familiales en cas de violence conjugale

Il ne peut y avoir égalité entre les parties lorsque l'une d'entre elles est sous emprise : il faut en tirer les conséquences et interdire la médiation pénale comme alternative aux poursuites, et encadrer de manière stricte la médiation familiale devant le juge aux affaires familiales. La loi sera modifiée en ce sens.

Mesure 13 : Mieux accompagner la victime avec l'assistance d'un avocat

Nous mettrons en place des permanences d'accompagnement des victimes, en particulier de violences conjugales, dans le cadre des conventions locales relatives à l'aide juridique. Celles-ci se déploieront sur l'ensemble du territoire à partir de janvier 2020.

Prendre en compte l'impact des violences conjugales sur enfants et sur les liens familiaux

80% des femmes victimes de violences conjugales sont mères. En 2018, 21 enfants ont trouvé la mort dans un contexte de violences conjugales et 82 sont restés orphelins de l'un des deux parents ou des deux.

Les violences conjugales exposent les mineurs victimes aux mêmes risques que les autres formes de maltraitance. L'impact de celles-ci est majoré par le jeune âge des victimes, le caractère répété et associé à d'autres violences, la proximité et le lien entre le(s) auteur(s) et l'enfant. À plus long terme, l'impact des maltraitances et des violences conjugales peut être majeur sur les compétences psycho-sociales, la santé physique, mentale, comportementale, sexuelle et reproductive. Le risque majoré de survenue de maladies chroniques ainsi que la possibilité de modifications génétiques transmissibles aux générations suivantes par le biais de l'épigénétique sont aujourd'hui bien démontrés.

Mesure 14 : Décharger les descendants de leur obligation alimentaire envers le parent condamné pour homicide volontaire de l'autre parent

Le meurtre de l'autre parent entraîne la déflagration des liens familiaux. Cette mesure nécessitant une modification législative en tient compte. Un enfant, même majeur, ne devra plus rien à son père si ce dernier a tué sa mère (ou à sa mère si elle a tué son père).

Mesure 15 : Demander systématiquement un état de la situation à l'aide sociale à l'enfance en cas de violence conjugale et à défaut une évaluation administrative de la situation familiale

En effet, il est impératif que le sort des enfants soit pris en compte dès le stade de l'enquête et à tous les stades de la procédure, dans l'esprit de la circulaire de la Garde des Sceaux du 9 mai 2019.

Mesure 16 : Développer les espaces-rencontres, lieux neutres protégeant les mères et leurs enfants en cas de séparation des parents

Les moyens alloués aux espaces rencontres seront considérablement renforcés, afin que le droit de visite puisse s'exercer en lieu neutre, protecteur à la fois pour la mère et l'enfante.

- 30M€ supplémentaires seront mobilisés d'ici 2022 afin de mieux mailler le territoire.

Mesure 17 : Généraliser les unités d'accueil médico-judiciaires pédiatriques (UAMJP) afin de recueillir dans de bonnes conditions la parole de l'enfant

Le recueil de la parole de l'enfant exposé aux violences au sein du couple doit pouvoir être organisé de manière spécifique et l'enfant doit également pouvoir être orienté vers des soins adaptés. L'enfant victime de violences pourra désormais accéder à un parcours de soins gradué tandis que les UAMJP, spécialisées dans le recueil de la parole de l'enfant victime et actuellement au nombre de 58, seront généralisées sur tout le territoire d'ici 2022.

Mesure 18 : Reconnaitre le phénomène du « suicide forcé » **avec la mise en place d'une nouvelle circonstance aggravante pour les auteurs de violences en cas de harcèlement ayant conduit au suicide ou à une tentative de suicide de la victime (10 ans d'emprisonnement et 150 000€ d'amende)**

Un suivi et une prise en charge des auteurs pour traiter le problème des violences conjugales dans sa globalité et mieux prévenir le risque de récidive

Mesure 19 : Évaluer la dangerosité criminologique des auteurs

Une expertise pluridisciplinaire sera expérimentée sur le ressort de la Cour d'appel de Paris, dans le cadre des procédures de comparution à délai différé. Pendant le délai de deux mois entre la présentation au procureur et la comparution devant le tribunal correctionnel, un examen approfondi de personnalité sera effectué, avec l'appui d'un pool d'experts judiciaires psychiatres et psychologues spécialement constitué.

Mesure 20 : Renforcer les mesures de suivi de l'auteur et de prévention de la récidive

Un appel à projets sera lancé dès 2020 afin de mettre en place deux centres de suivi et de prise en charge des auteurs par région. Ces centres, comme celui qui existe à Arras, permettent d'assurer un suivi psychologique et psychiatrique. Les résultats en termes de prévention de la récidive sont significatifs.

Par ailleurs, à partir de pratiques d'ores et déjà développées dans certaines juridictions, les protocoles de suivi des auteurs seront généralisés et leur mise en œuvre évaluée. Il importe en effet de passer des bonnes pratiques à la mise en œuvre d'une politique cohérente de prévention de la récidive, laquelle doit nécessairement faire l'objet d'une constante évaluation.

Ces protocoles visent trois types d'actions :

- **l'éviction du conjoint violent,** en s'inspirant des dispositifs mis en place à Versailles et de Clermont Ferrand ;
- **le suivi renforcé de l'auteur avec prise en charge psychologique et prise en charge des addictions,** en s'inspirant de l'expérience menée à Saintes ;
- **le suivi des sortants de prison,** en s'inspirant des pratiques observées à Toulouse.

Mesure 21 : Encadrer les permis de visite en détention

Il s'agit de tenir compte du lien d'emprise entre la victime et l'auteur de faits, afin d'éviter tout risque de pression et de limiter le risque de nouveau passage à l'acte à la sortie.

Mesure 22 : Mieux connaitre les profils socio-démographiques des auteurs, à travers un projet **de recherche d'une équipe de l'université de Bordeaux, sous la direction d'Éric Macé, soutenu par la Mission de recherche droit et justice**

Mesure 23 : Prévenir et prendre en charge les violences conjugales liées aux addictions

Les substances psycho-actives peuvent être un cofacteur important des phénomènes de violences. L'alcool est présent dans 40 % des violences familiales et on constate la présence d'au moins une substance susceptible d'altérer le discernement de l'auteur et/ou de la victime au moment des faits (alcool, stupéfiants ou médicaments psychotropes) dans plus de la moitié des homicides conjugaux.

Face à ce constat, le Gouvernement souhaite mieux prévenir et prendre en charge les violences conjugales liées aux addictions.

- En prévention tout d'abord : la formation spécifique sur les violences conjugales des professionnels en addictologie sera renforcée, tout comme la formation aux problématiques addictives des acteurs prenant en charge les victimes de violences conjugales.
- En prise en charge ensuite, en procédant dès le stade de l'enquête à une évaluation médico-sociale des auteurs de violences, permettant d'enclencher plus rapidement les dispositifs de suivi et de prise en charge adaptés.

Protéger les femmes victimes de violences, **y compris au travail**

Les violences conjugales, si elles relèvent de faits de la vie privée, peuvent néanmoins intervenir ou se prolonger dans le cadre de l'entreprise. Différents exemples peuvent être cités : harcèlement numérique, conjoint violent travaillant dans la même entreprise, cas d'un conjoint venant épier la salariée travaillant par exemple dans un lieu ouvert recevant des clients comme un magasin, etc.

Certaines entreprises se sont engagées de façon proactive sur le sujet. Les retours sur ces expériences permettent de souligner notamment l'importance d'un environnement professionnel conscientisé et bienveillant pour favoriser la libération de la parole des victimes.

Plusieurs mesures seront prises en ce sens :

Mesure 24 : **Ouvrir le droit** aux victimes sous ordonnance de protection de débloquer leur épargne salariale de façon anticipée pour ce motif

Cela leur permettra ainsi de pouvoir disposer de fonds dans un délai court pour faire face aux changements matériels imposés par leur situation, par exemple si elles se voient contrainte de déménager.

Mesure 25 : Actualiser le guide relatif à l'égalité professionnelle à destination des TPE-PME afin d'y intégrer la problématique des situations de violences conjugale

Dès le premier trimestre 2020, un groupe de travail sera chargé de cette actualisation afin que l'ensemble des entreprises, et pas uniquement les grands groupes disposant de moyens pour ce faire, puissent connaître les outils à leurs dispositions et les bonnes pratiques déjà mises en œuvre dans certaines entreprises et facilement duplicables.

Mesure 26 : Intégrer la problématique des violences conjugales aux plans de santé au travail (PST) et aux plans régionaux de santé au travail (PRST), **afin de réduire les conséquences des violences conjugales sur le lieu de travail**

Concrètement, il sera proposé aux partenaires sociaux siégeant au Conseil d'orientation des conditions de travail (COCT) de débattre de la question de la prise en compte des violences conjugales dans l'entreprise afin d'intégrer la question au sein du Plan santé au travail 4 pour la période 2020/2024 qui sera élaboré au cours de l'année 2020.

Mesure 27 : Proposer, dès la fin de cette année, aux partenaires sociaux membres de la commission du label égalité professionnelle, d'intégrer au cahier des charges du label égalité professionnelle un axe relatif à la prise en compte des violences conjugales

Protéger les victimes de violences en situation de handicap

Être femme et en situation de handicap expose plus que tout à des situations de violences conjugales.

À ce titre l'ensemble des mesures du Grenelle se déploiera en veillant à ce que leur besoin particulier soit systématiquement prise en compte. Ces mesures seront complétées par des actions spécifiques :

Mesure 28 : Déployer dans chaque région un centre ressource pour accompagner les femmes en situation de handicap dans leur la vie intime et sexuelle et leur parentalité

Ce centre organisera un réseau d'acteurs de proximité afin que chaque femme en situation de handicap puisse trouver ses réponses qu'il s'agisse de sa vie intime ou face à des violences subies. A travers cette organisation, les femmes seront soutenues dans leur pouvoir d'agir notamment au travers des échanges avec ses pairs. Ce centre ressource sera aussi au service des aidants familiaux et des professionnels.

Mesure 29 : Rappeler à l'ensemble des établissements et services médico sociaux la nécessité du respect de l'intimité et des droits sexuels et reproductifs des femmes accompagnées

La plus grande vigilance sera exigée des autorités de contrôle sur l'identification et le traitement sans délai des violences. Enfin, la diffusion des bonnes pratiques d'accompagnement sera assurée par la Direction générale de la cohésion sociale (DGCS).

Mesure 30 : Lancer une formation en ligne certifiante **pour faire monter en compétence massivement les différents professionnels qui interviennent notamment dans les établissements et services médico-sociaux**

4/ Des moyens à la hauteur des enjeux

- Plus d'1 milliard d'euros va être consacré à l'égalité entre les femmes et les hommes l'année prochaine.
- Parmi ce Milliard, plus de 360 millions d'euros seront dédiés exclusivement à la lutte contre les violences faites aux femmes grâce notamment :
  - à un investissement massif du ministère de l'Intérieur, à hauteur de plus de 220M€ ;
  - à une mobilisation du ministère du logement, avec près de 90M€ ;
  - à une mobilisation du ministère de la Justice, avec près de 10M€.

Table

ANNEXES

Remerciements

Je remercie Anthony, Guillaume, Luca et Aïden pour leur patience, leur compréhension et leur amour inconditionnel.

Cloé pour m'avoir choisie comme maman adoptive et d'être une petite fille si courageuse et résiliente.

Mes parents pour avoir fait de moi la femme que je suis aujourd'hui en m'inculquant de belles valeurs.

David et Nadège pour être là dans les moments de tristesse et de joie.

Stéphanie Soler, ma BFF, ma confidente de toujours.

Maître Arakelian, Martini et Muller pour leur professionnalisme, leur soutien, leur empathie et leur bienveillance dans tout le parcours du combattant judiciaire auquel j'ai dû faire face.

Nathalie, Dominique, Lilia, Aziz et Killian pour avoir porté assistance à ma nièce le 22 septembre.

Hauteclair, Kallagnani, Isabelle, Christine, Hélène, Antoine, Nathan, Anne-Sophie, Virginie et tous mes autres sœurs et frères de lutte pour l'énergie et la conviction que vous mettez dans notre combat commun.

Guy Delvig pour sa gentillesse et sa générosité.

Sylvie Werner, ma coach, pour tous ses conseils judicieux.

Claude et Virginie pour m'avoir si bien accompagnée dans l'écriture de ce livre.

Le collectif Féminicides par compagnons ou ex pour leur travail de recensement année après année afin de faire sortir nos victimes des faits divers.

Et enfin merci à toi ma sœur Ghylaine, mon étoile qui veille sur moi et qui me donne chaque jour la force de me battre contre l'innommable.

Cet ouvrage a été composé
par Atlant'Communication
au Bernard (Vendée)

Impression réalisée par

NORMANDIE ROTO IMPRESSION S.A.S.
à Lonrai (Orne)

en mars 2022
pour le compte des Éditions de l'Archipel
département éditorial
de la S.A.S. Écriture-Communication

Imprimé en France
N° d'impression : 2201203
Dépôt légal : avril 2022